シーン別でわかる

こんなときどうしたらいいの？

感情的にならない子育て

子育てアドバイザー
高祖常子
上大岡トメ イラスト

かんき出版

はじめに

『イラストでよくわかる　感情的にならない子育て』を２０１７年10月に上梓し、はや2年が経ちました。

たくさんの方に手にとっていただき、本当にありがとうございます。


さて、今回の本は子育てのいろいろな場面に役立てていただけるよう、「子どもの困った」を対処するためのヒントをお伝えしています。質問は、子育て真っ最中のパパやママから実際にいただいたものです。

それぞれの事例に直接お答えするようにQ＆Aの形で掲載しています。

私自身がさまざまな場面で学ばせていただいてきたこと、自分の3人の子育ての中でやってきたこと、個別に悩みを伺ってきた場面でお伝えしてきたこと。それらをみなさんの参考になるようにと、今回も上大岡トメさんのかわいいイラストと共にわかりやすく、できるだけいろいろな場面で使えるように、対応の方法やアイディアを書かせていただきました。

前作を刊行してから、私自身、北海道から沖縄まで、日本全国さまざまな場所に呼ばれ、妊娠中のプレママやプレパパ、子育て中のママやパパ、子育て支援者や専門家、保育を学ぶ学生さんなど、たくさんの方に「感情的にならない子育て講座」でお話しさせてもらっています。また、この本を使って勉強会を開いたというお話も聞きました。

「たたかない、どならないで育てる」、それを当たり前にしたいという、みなさんの想いの広がりを感じています。

そんな中、「以前、高祖さんのお話を聞いてからずっと、子どもをたたかないで育ててきたんです。でも、先日、ついたたいてしまいました……」と涙ながらに話してくれたママがいました。それもおひとりではありません。悩んで再度、講座に来てくれて、講座後に「たたきたくなかったのに……」と自己嫌悪を感じ、泣いてしまうママもいます。

「たたかない、どならないで育てたい！」と強い想いをもって、子どもと丁寧にコミュニケーションを取りながら接しようとするけれど、「やっぱり、どうしても難しい」「困った場面をどう切り抜けたらいいのか」と悩んでいるたくさんのママやパパたち。

そんな方々と出会い、メッセージをいただいたことで、今回、新たに本を出したいという想いを強くしました。

「こんなときに、どうしたらいいの？」と迷うのは、それだけ子育てに頑張って、子どもに寄り添おうとしているから。**あなただけがイライラしているわけではありません。あなたのお子さんだけが「困った」ことをしているのではありません。**

だから、ひとりで悩まなくていいのです。

この本をぜひ、参考にしていただき、子どもたちの成長を応援し、子育てを楽しんでいただけたらと思います。

子育てアドバイザー　高祖常子

なぜ私だけ……

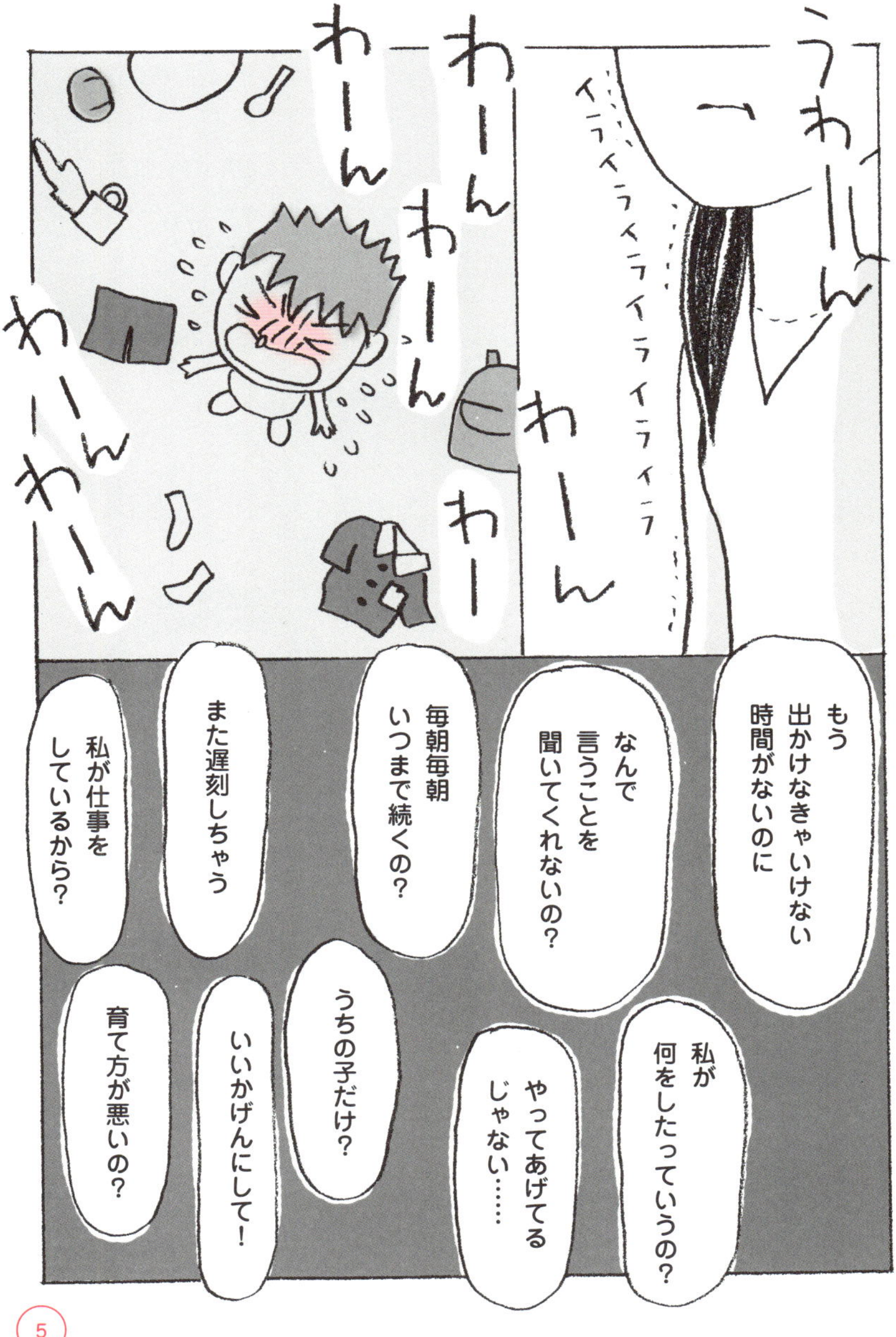
うわーん
わーん
わーん
わーん
わーん
わー
もう出かけなきゃいけない時間がないのに
なんで言うことを聞いてくれないの?
毎朝毎朝いつまで続くの?
また遅刻しちゃう
私が仕事をしているから?
私が何をしたっていうの?
やってあげてるじゃない……
うちの子だけ?
いいかげんにして!
育て方が悪いの?

なんで
私だけが!?
ぐっ

あなただけじゃない！　大丈夫！
振り上げた手を止める勇気を持って！

＼前作／

『イラストでよくわかる 感情的にならない子育て』に寄せられた読者の皆さんからの声！

子育てで悩んでいたときに、この本に出会い、人にはなかなか相談できなかったことが書いてあり、ひとりで悩んでいたことが少し楽になりました。

出会えて良かったです。（32歳女性・主婦）

娘にプレゼントしたく購入しました。私も読んで参考になりました。

娘が3人の子育て中で、兄妹けんかが絶えず、すぐに手を出すお兄ちゃんに、娘が感情的になって手を上げてしまうこともあります。注意もしてはいますが、ぴったりのタイトルの本をみつけたので。（63歳女性・事務職）

読み終わって、何か自分のなかで変化が起きた気がします。

毎日子ども３人に囲まれてイライラしっぱなしで、どなっては自己嫌悪になる日々だったところ、この本のタイトルにすごく惹かれました！　（31歳女性・主婦）

わかりやすく、イラストつきで読みやすく、とても参考にさせてもらっています。 小学校１年生の子が２学期から急に気持ちが不安定になり、スクールカウンセラーの先生にこの本をすすめていただきました。今後も実践していきます。（37歳・事務職）

私だけじゃないとわかって安心しました。

今年３歳になる娘を持つシングルマザーです。仕事や育児のストレスでついイライラしてしまい、娘に対して感情的にどなってしまうことがあります。自己嫌悪に陥っていたとき、この本を見つけました。「恩返り」はとても良い考え方だと思いました。（23歳女性・営業職）

ついつい感情的になってしまうことが多く反省の日々……。

そこで義母がプレゼントしてくれました。少し余裕を持って子育てを楽しもうという気持ちになれました。（43歳女性・事務職）

本当にずっと怒っているなあと思っていたので、自分の子育てを見つめ直したく購入しました。 男の子２人の母です。上の子が年長ですが、落ち着きもなく周りの子に比べると怒ってしまうことばかり……。冷静に考えられるようになりました。

（27歳女性・営業職）

もくじ

第3章 こんなときどうする？ 外出先で困った

第4章
こんなときどうする？
きょうだい＆子どもの言葉・行動で困った

第5章
こんなときどうする？
園・学校や習いごとで

第6章 こんなときどうする？ 夫や祖父母にイライラする

カバーデザイン・井上新八
本文デザイン・DTP・二ノ宮匡（ニクスインク）
イラスト・上大岡トメ

第1章

ポジティブな子育てをしよう！

心と体が安心・安全であること

子育てのベースは、子どもの生理的欲求と安全欲求を満たすこと。

安心で安全な家庭環境があるからこそ、子どもは自分の素直な感情を表現することができます。

「イヤだ！」と言っても「イヤじゃないでしょ！」と否定されたり、悲しかったり思い通りにならなかったり、気持ちを切り替えようとしてうまくいかなくて泣いているときに「泣かない！」と制止されたり。あるいは、困ったことを相談したときに、頭ごなしに「お前が悪いからだ！」という言葉を浴びせられては、次第に自分の気持ちを出せなくなりますし、困ったことも相談することができなくなります。

家庭を安心、安全の場にすること。もちろん、叱ってはいけないということで

「子どもの欲求」は下から積み重なっていく

マズローの欲求段階説
低次元の欲求が満たされないと、高次元の欲求は湧いてこない。自己実現欲求は無限に広がり、これが生き甲斐にもなる。

はありません。

ただ、いつも親がイライラしていたり、たえず子どもをどなりつけていたり、たたいたりしていると、家庭が安心、安全の場ではなくなってしまいます。

叱ることは最低限にして、語りあい、相談しあい、家庭が応援しあえる場になるように、心がけましょう。

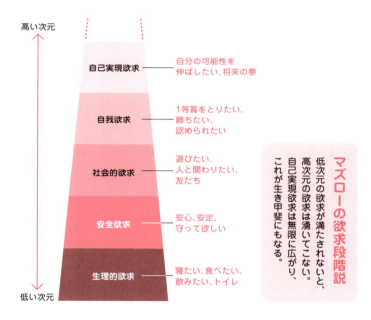

自己肯定感は、子どもが生きていくための心のベース

ほかの子と比べず、我が子自身の過去からの成長と比べる。

わかってはいても、とても難しいことです。

「ほかの子はできているのに、我が子はなぜできないのか」、この問いは、常に親が持つものです。それ自体は、いけないことではありません。親として、子どもの成長を思ってのことなのですから。そして個人差や個性ではなく、ほかの子と大きく違うところは、障がいや病気が隠れていることもあります。

医師や保健師、保育士・幼稚園教諭、発達の専門家などでなければ、判断できないこともあります。違いに不安を感じたら、自己判断をせず、自分で抱え込まずに、相談しましょう。

「こんな小さなことを聞いたら、変に思われる？」「私の育て方が悪いから、できないの？」などと思わないことです。

相談窓口には、いろいろな場所があります。まずは身近な相談場所（保健所や役所、子育てひろば、保育園・幼稚園など）に行ってみてくださいね。そこから専門機関につないでくれることもあります。相談に行って、特に病気や障がいでなくても、子どもに対する接し方について、アドバイスしてもらうといいでしょう。

前作『イラストでよくわかる 感情的にならない子育て』の本でも紹介しているマズローの欲求段階説（17ページ）で、一番大事なのは生理的欲求。寝る、食べる、飲む、トイレに行くなどがベースで、そこが守られないと人は生きていくことができません。その欲求が満たされると、次は安全を欲するようになります。マズローの考え方は、人は低次元の欲求が満たされると、より高次元の欲求を持つようになると示しています。

感情的になり、たたいたり罰を与えたりすることは、子どもの成長に逆効果

２０１７年に厚生労働省から頒布された「愛の鞭《むち》ゼロ作戦」のリーフレット作成には、私も協力させていただきました。

リーフレットにも記載されている、福井大学子どものこころの発達研究センター 友田明美先生の脳の研究にもありますが、体罰や暴言は子どもの脳の発達に深刻な影響を及ぼします。

幼少期の激しい体罰により、前頭前野（社会生活に極めて重要な脳部位）の容積が19・1％縮小、暴言（言葉の暴力）により、聴覚野（声や音を知覚する脳部位）が変形するという研究データが示されました。

さらに、エリザベス・トンプソン・ガーショフ氏らの約16万人分の子どものデータに基づく分析によると、体罰を受けた子どもは精神的な問題を持つなど、望ましくない影響の数値が大きいことが報告されています。

「愛の鞭ゼロ作戦」リーフレットより

体罰・暴言は子どもの脳の発達に深刻な影響を及ぼします。

脳画像の研究により、子ども時代に辛い体験をした人は、脳に様々な変化を生じていることが報告されています。親は「愛の鞭《ムチ》」のつもりだったとしても、子どもには目に見えない大きなダメージを与えているかも知れないのです。

●子ども時代の辛い体験により傷つく脳

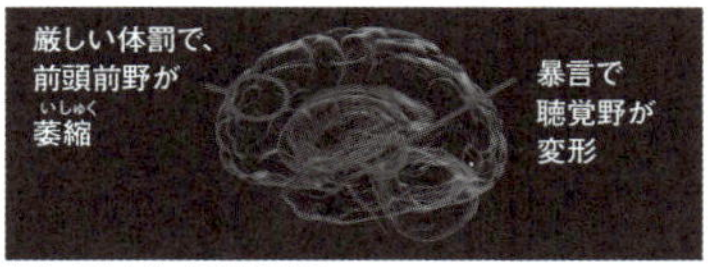

提供：福井大学 友田明美教授

・厳しい体罰により、前頭前野（社会生活に極めて重要な脳部位）の容積が19.1%減少
(Tomoda A et al., Neuroimage, 2009)

・言葉の暴力により、聴覚野（声や音を知覚する脳部位）が変形
(Tomoda A et al., Neuroimage, 2011)

体罰は百害あって一利なし。子どもに望ましい影響などもたらしません。

親による体罰を受けた子どもと、受けていない子どもの違いについて、約16万人分の子どものデータに基づく分析が行われています。その結果、親による体罰を受けた子どもは、次のグラフのとおり「望ましくない影響」が大きいということが報告されています。

●「親による体罰」の影響

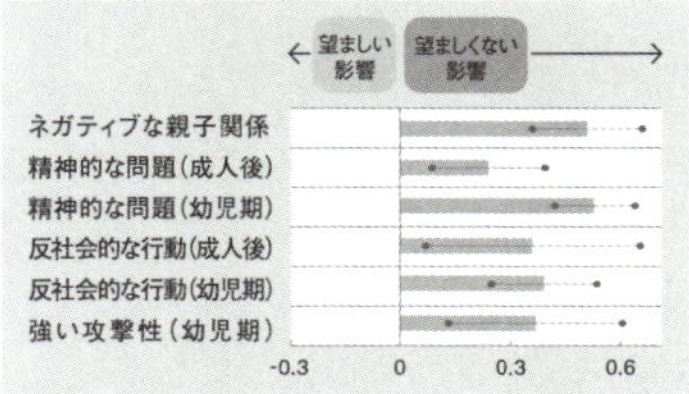

出典のデータを用いてグラフを作成

幼児期の体罰によって、子どもから親への信頼や愛情が損なわれたり、うつ・著しい不安・多動など精神的な問題を持ったりすることがあります。周りの人を傷つけるなどの反社会的な行動が増加したり、感情的にキレやすく攻撃性が強くなったりすることもあります。その影響は幼児期だけにとどまらず、成人になってからも続く可能性があります。

(Gershoff ET, Grogan-Kaylor A, J Fam Psychol. 2016)

【愛の鞭ゼロ作戦】
（健やか親子21ホームページ）
http://sukoyaka21.jp/ainomuchizero

「『愛の鞭ゼロ作戦』リーフレット制作メンバーへインタビュー」ということで、筆者のインタビューが掲載されています。

友田先生も著書『脳を傷つけない子育て』などで、「**今からでも対応を変えれば、脳の状態も改善されていきます**」とおっしゃっています。

たたいて育ててきた今までを悔やむのではなく、今日からたたく、どなることをやめましょう。きっと親子関係が変わってくるはずです。

ポジティブな子育てをしよう！

「ポジティブな子育て」というと漠然としていますが。私は、子どもと共に歩み、作り上げていく前向きな子育てと思っています。

たとえば、忙しいとき、子どもが思い通りに動いてくれないと、いら立ってしまいます。子どもに親自身の気持ちは伝わっていませんし、親が勝手に枠を決めて、そこに子どもをはめようとしているだけではないでしょうか。それは、親の独り相撲。

メディアで学校のブラック校則が話題になったことがあります。もともと地毛が茶色の髪を黒く染める、髪の長さは◯◯まで、靴下は△△のものを着用、下着は白のみ……。これは、子どもを信じていないから。大人の決めた枠を超える（逸脱する）行為を認めると、子どもが非行に走ってしまうのではないか、不良になってしまうのではないかと不安だから、枠を決めて子どもをそこにはめようとするのでしょう。
私が北欧などの取材で出会った子どもたちは、学校でも自由な髪形をして、自由な服装をしていました。小学生でもピアスをしている子もいました。
そもそも日本の「しつけ」の考え方が、「親（大人）が決めた枠にはめようとする」というところに基づいているので、子どもがその枠にあてはまらない行動や発言をするといら立ち、腹を立て、ついどなりたくなったり、たたきたくなったりしてしまうのではないでしょうか。

もちろん、親は子どもより長く生きてきていますし、経験値もあります。だから、子どもの考えや選択について、不安になったり、「うまくいかないのでは？」と懸念を持ったりすることもあるでしょう。そのために、アドバイスしたり、経験談を話すことはとても大事で素晴らしいことです。

でも、子ども自身も、自分の気持ちや考えを持っています。

子どもの気持ちや考えを聞きながら、親としての考え方も伝えて共有する。子どもが迷ったときには、どうしたらいいのかを一緒に考え相談しながら、見つけていく。そんなやりとりをして方向を決めていくことが、私が考えるポジティブな子育てです。

やりとりを通して、子どもは自分の気持ちも、親の気持ちも、周囲の状況も客観的にとらえられようになりながら、一番いいと思う選択をしていく。そんなふうに子どもが生きていけるように、親がサポートする。

こういった親子関係がベースにあると、子どもは安心して、いろいろなことにチャレンジできると思います。

毎日、ドタバタ。怒ってばかり

怒ってばかりいるなと思ったら、子どもが産まれてきた日のことを思い出して！

第2章

毎日の生活で

こんなとき
どうする？

毎日の対応の積み重ねが、子どもの考え方や行動のベースになっていく

さてここからは、生活の中で実際にあった、子どもの困ったシーンに対して、どのように対応すればいいのか、どのように解決していったらいいのかを見ていきましょう。

前作を読んでくださった方やセミナーでお会いした方々やまた、私のFacebook、かんき出版の子育てInstagram（mamapapa_official）でのインスタライブを行った際にいただいた実際の質問を一部編集して、お答えしています。

子どもとの関わりは、毎日、その一瞬一瞬のこと。でも、そのときに、どう考えて対応するか。それが1つひとつ積み重なって、子どもの考え方や行動の道しるべになっていきます。

もちろん、忙しい毎日の中で、物事を前に進めるために、「早く」や「急いで」と声を掛けてしまうこともあるでしょう。でも、時間があるときには、その言葉

がけや対応が、子どもの未来につながっていることをほんの少し心がけるようにしてみましょう。

ここからは日常生活での、子どもとの衝突や、親から見た困りごとなど、いろいろな場面について、どう考えるか、どんな対処法があるかを紹介していきます。

まず一番大事にしたいのは、子どもの気持ち。

子どもの気持ちを理解できなくても、「そういう気持ちになったんだね」と共感する。そして、その気持ちをそのまま行動に表すことがベストかどうかは、そのときの状況や友だちなどとの人間関係も考慮する必要があります。さらに、そもそも無理なことならば、やはり、理由を伝えて相談することも必要でしょう。

子どもの年齢にもよりますが、大事なのは、子どもは気持ちを切り替えるのに、時間がかかることを、忘れないこと。

自分の意見が通らないと、泣いたりぐずったりもしますが、それは、気持ちを切り替えるために必要なステップなのです。

目覚めたときに

カーテンを閉めてもっとママと寝転がりたい！

朝カーテンを開けると、「バナナを食べてから、カーテンを開けて欲しかった」と泣いていました。「もう一度カーテンを閉めて、ママと寝転がる」と言って聞きませんでした。どこまで聞いてあげるべきなのか、どのくらい泣かせておいてもいいのか悩みます。（4歳男の子）

子どもの気持ち

子どもによって、寝ぐずりや起きぐず

りが強い子がいます。大人でもさっと起きられる人と、起きてからしばらくは機嫌が悪い人がいますよね。それと同じで個人差なのでしょう。「バナナを食べてから、カーテンを開けて欲しい」「もう一度カーテンを閉めて、ママと寝転がりたい」というのは、一見わがままにも聞こえますが、自分が機嫌よく起きられるタイミングを探っているのかもしれません。または、眠くて思考回路が停止してしまって、単にダダをこねている可能性もあります。

対応の引き出し

【一度はママが一緒に、寝転がってみる】

時間が許すなら一度は聞いてあげてもいいと思います。寝転がってバナナを食べさせるのはやめておきたいですよね。例えば「一緒に寝転がるならいいよ。ただし10数える間だけね」などと言って、ママが合わせられる基準を示します。「10、9、8……」とカウントダウンして、「あと3つだよ！」などとちょっとゲームっぽくして、「さあ起きよう！」と元気に起きるタイミングを作ってみましょう。

【バナナを食べたいことに注目しない】

「お布団にいるときにバナナを食べるのなんておかしいでしょ！」などと言いたくなりますが、そこはスルーしましょう。子どもの気持ちとしては、バナナを食べたいと思ったことと、それが先でなければどうしてもイヤだということが結びついていないのでしょう。眠りからうまく目覚めることができず、グズっているために、思いつきで言っていることがあります。

親が「起きる前にバナナを食べるなんてありえないでしょう！」「何をふざけたこと言っているの！」などと、そこに注目してイライラをためないこと。目覚めにくくて、理不尽なことを言い出したんだなと、そこには触れず、やってあげられること、無理なことをきっぱりと伝えましょう。

子どもを育むためのヒント

～寝起き～

・起きる行動をパターン化する

特に寝ぐずりが強い子の場合には、起きるときの行動をパターン化してみよう。音楽をかけてカーテンを開けるなど、毎朝同じことを繰り返してみる。

・早めに寝かせる

すっきり起きられないのは、睡眠時間が足りていないのかも？　可能なら、少し早めに寝かしつけてみよう。

・無理なことは取りあわない

すっきり起きられない、気持ちを切り替えられない、というのも個性。すべて対応しようとすると、親のほうも根負けしたり、イライラしたりしてしまうので、できることとできないことの線を引くことも大事。

食事中

やってあげたことと違うことを要求してくる……

いちいち、やってあげたことと違うことを言ってくる。「パンは焼いて欲しくなかった!」「バターぬって欲しかった!」「大きいパンがよかった!」などと、出されたものと真逆の状態のものを要求してきます。ただただ、ママを困らせたいようです。（4歳男の子）

子どもの気持ち

寝起きが悪くてぐずっている、何もか

もいやになっちゃうという感じでしょうか。「まだ起きたばかりで眠いよ」「疲れてるんだもの」「何もかもイヤ！」というのが心の声かもしれません。

眠い時には、甘えたくなるものです。「ママにかまって欲しいから、困らせちゃう」ということもあるでしょう。

対応の引き出し

【今日はどうしたいのか、子どもに問いかけてみよう】

毎日、同じような状況になってしまうなら、まずは、あれこれしてあげる前に「今日はパン、どうやって食べる？」と聞いてみましょう。

または、4歳なら、パンをトースターに入れてボタンを押すくらいのことはできるでしょう。時間があるときに、「一緒にやってみよう」と誘って、やり方を伝えましょう。バターをぬるのも、まんべんなくきれいにぬれないかもしれませんが、そこは子どもに任せてみてもいいですよね。

これも、バターナイフにどのくらい取ったらいいのか一緒にやってみるといい

でしょう。子どもが自分でやるようになったほうが、ママも助かります。

もう1つは、なぜそのようなことを言うのか、子どもに聞いてみること。

4歳ですから、自分の気持ちを伝えることができるはずです。

夕方でも週末でも、落ち着いている時間を見つけてときに、ママ自身が困っていることを子どもに伝え、どうしたらいいのかを相談してみましょう。

もちろん、ママだけが対応するのではなく、先ほどお話ししたように自分でできることなども話してみるといいでしょう。

食事中

食べ物を投げる

私がきちんと手間をかけて作ったときほど食べない。そして投げる。フォーク、スプーンをポイポイ投げ、拾っても投げる、の繰り返し。目を合わせて低めの声で「投げちゃダメ！」と言うと、視線をそらし、またポイ！　食べ物だけを投げることもありますし、ときには、皿ごとテーブルから落とされて、味噌汁や牛乳などが、床に散らばって大変なことになります。床から何から、拭き終わり、食事を再開したとたん、また落とされると

イライラも限界に……。（1歳半女の子）

子どもの気持ち

「ママのお顔が、怖いよ」「おなかが空いてないんだもの！」

対応の引き出し

【怖い顔になっているかも。手間をかけて作ることも少しお休みしてみては？】

「きちんと手間をかけて作った」ということで、もしかしたら「しっかり食べなさい」という感じで怖い顔になっていないでしょうか。

子どもの食が進まないときによくあるのが、ママやパパが怖い顔で食べさせようとすることです。

低めの声で「投げちゃダメ」と言う場面では、もしかしたらお子さんは、ちょっと楽しくなっている可能性もあります。「視線をそらし、またポイ！」という場面では、ママにはとても反抗的に映るかもしれませんが、子どものほうはまだそのような意識はありません。投げるとママが反応してくれる、だからまたやってみるというループになっているのかなと思います。

手間をかけて作ることを、少しお休みしてみましょう。

まずは、「手間をかけて作ったのに」という思いが強いなら、しばらくは、ちょっと手抜きをしてみるのもおすすめ。でも、手作りが大好きで、気分転換になるなら、もちろん手作りでいいと思います。要は、ストレスにならないほうを選んでみることです。

そして、1日の食事時間を見直してみましょう。おなかが空いていないから、あまり食べずに遊んで（投げて）しまうのでしょう。おなかが空いていたら、投げる前に食べるはずです。食事時間の間隔や、おやつの時間や量も客観的に見直してみたり、体を動かす時間を増やしてみましょう。

【こぼされてもいいように敷物を準備】

おなかが空いていそうな時間に食べさせることにして、**あとは環境整備です。**

1歳半くらいは、まだ手づかみ食べの時期ですから、手づかみしやすい形にするなど工夫してみましょう。さらにこぼされてもいいように、床にシートや新聞紙を敷きましょう。シートにすると洗ったり拭いたりが大変なら、新聞紙のほうが、そのまま捨てられていいかもしれません。汁物がこぼされてばかりなら、テーブルに並べずに、しばらくは様子を見て与えるようにしてもいいですね。

子どもを育むためのヒント

～食事の時間～

- **食事の時間を規則正しく**

1日の生活リズムを整えて、なるべく食事の時間を規則正しくする（たまには時間がずれてもOK）。

・**食事の時間におなかがすくように、日中活動的に過ごす**
おなかが空いている状態になることが、食事に集中できることにもつながる。

・**食事の時間の目安を決める**
食べてくれないからと、長い時間かかって食べさせるのではなく、遊び食べが始まって、あまり食べたがらないと感じるなら、食事を切り上げることも大事。

・**食事の時間を楽しく!**
ママやパパがしかめっ面で食べさせていては、食が進まないことも。

「おいしいね〜」と、食事の時間を楽しく過ごそう!

毎日の生活で
外出先で困った
きょうだい&子どもの言葉・行動で困った
園・学校や習いごとで
夫や祖父母にイライラする

手洗い

手を洗わずに遊び始める

小学校1年生になった息子。学校から帰って来て、「帰ったらすぐに、手を洗いなさい」と言っても、言うことを聞かずに遊びはじめます。（6歳男の子）

子どもの気持ち

「家に帰ってきたら一刻も早く遊びたい！」という感じでしょう。就学前の子なら、園で集団で遊んでいたから、「自分の好きなおもちゃで早くたくさん遊びたい」という気持ちかもしれません。

対応の引き出し

【帰ってきてからの流れを作る】

帰ってきてからの流れをパターン化してみるのも一案です。「手を洗いなさい」と言葉で言っても聞かないということなので、**まずは「おかえり」と出迎えたら、洗面所に行って、一緒に手洗い**をして、「きれいになったね！」と声をかける、という流れを数日間一緒にやってみましょう。

できるようになってきたなら、一緒にやらないで見守り、手洗いできたら「手洗いできたね！」と声をかける、という

のをしばらく続けてみましょう。

［楽しい仕掛けでやりたくなるようにしてみる］

洗面所で手洗いをしたくなる工夫をしてみましょう。

たとえば、泡の出る石鹸に変えてみる。または、帰ってきて、手洗いができたら、表やカレンダーにシールを張るなど。

シールも、キャラクターや電車など、子どもの好きな絵柄がおすすめです。

歯みがき

歯ブラシをくわえて歩く

歯磨きが嫌にならないようにと、お気に入りのキャラクターの歯ブラシを購入。歯ブラシ自体は好きになってくれたのですが、自分でやりたがり、歯ブラシをくわえて歩き回ります。危ないからやめなさいと言っても聞かなくて困っています。（2歳男の子）

子どもの気持ち

「歯ブラシで歯を磨く」ということと、

歩き回ってはいけないということ、それぞれをまだ把握しきれない時期ですね。

歯ブラシをくわえているときは、おしゃぶりをくわえるような気分だったり、または歯がむずがゆくて歯ブラシのブラシ部分を噛《か》んでしまっているのかもしれません。

対応の引き出し

〔膝や椅子に座るなど、場所を決める〕

歯ブラシをくわえたまま歩き回っていると、転んだときに歯ブラシがのどをついてしまうなど、大きな事故になってしまう可能性もあります。

絶対にさせないようにしましょう。

ただ、「やめなさい！」とどなっても、ママが反応してくれることが面白くなってしまうこともあります。

事故対策としては、口の奥まで入らないタイプの乳児用歯ブラシを使って、「歯ブラシを使うときには、歩き回らない」と伝えましょう。

まだ、2歳なので「歩きまわりたい」という気持ちを抑えるのは難しいかもしれませんね。**それなら、歩きまわらないようにする環境にしてみることです。**

たとえば、歯磨きのときにはママの膝に座ってやる、あるいは、小さな椅子を決めておいて、そこに座ったら歯ブラシを渡すなどです。

また、歯磨きの時間も、長くなりすぎないようにしましょう。

歯みがき

仕上げ磨きで泣いて暴れる

虫歯にならないようにと、仕上げ磨きが日課です。よく磨けるように、寝かせて口を開けさせるのですが、毎回泣いて暴れるので、一苦労。（1歳8カ月女の子）

子どもの気持ち

「仕上げ磨きのときには、押さえられて、何されるかわからなくて、怖いよ～」という気持ちかもしれません。

対応の引き出し

【楽しい雰囲気を作り出そう】

子どもが動くと危ないので、仕上げ磨きのときに、怖い顔をしてつい羽交《はが》い絞めみたいにしてしまうママやパパも少なくないようです。でも、子どもにしてみると、押さえつけられるのは、怖いもの。

2歳前の子なら、「歯をきれいにするためだから、我慢しなさい！」なんて言っても、まだ理解するのが難しいでしょう。また、虫歯にならないようにと、ゴシゴシ磨きすぎて、子どもが歯や歯茎に痛みを感じている可能性もあります。

仕上げ磨きはブラシ部分を歯の付け根

にあてて、優しく動かす感じにするといいでしょう。

怖い、痛いと思っていると、口を開きにくいので、無理やり開けるようになり、子どもがギャン泣きしてしまうこともあります。

ママパパは笑顔で、たとえばお気に入りの歌を歌いながら「さあ歯磨きするよ～」「ほっぺはどこ？　お口はどこ？」などと、スキンシップしながら、仕上げ磨きも楽しくやってみましょう。

子どもを育むためのヒント

～手洗い・歯磨き～

・親も一緒にやる

「手を洗いなさい！」と言っても、親がやっていないのでは、子どももやるようにならない。親も一緒に洗面所に行って手洗いをしたり、一緒に歯磨きをしたりすることから始めよう。

- **生活の流れの中に組み込む**

帰ってきたら、そのまま洗面所に行くなど、生活の中の導線に組み込む。

- **楽しく身につける**

手洗いには泡タイプの石鹸を使ってみたり、歯磨きの前に歯磨きの絵本を読んだり、歌を歌うなど、習慣になるまでは、楽しい工夫を取り入れてみる。

遊び

絵本やおもちゃを片づけない

読んだら読みっぱなしの絵本と遊んだら出しっぱなしのおもちゃ。結局、親（私＝パパ）が片づけることになります。「何度片づければいいんだよ！」ってイライラすることも。何回注意しても聞かないのです。（5歳女の子、3歳女の子）

子どもの気持ち

「あれもこれも気になっちゃうから、どんどん出しちゃおう」、または、「片づけにくい」「片づける方法がわからない」という感じ。

対応の引き出し

【複数出していることで、遊びが広がることも】

親としては、「1つのおもちゃで遊んだら片づけてから次の遊びをして欲しい」と思うでしょう。でも、たとえば大人も、いくつかの仕事を同時に行うことがありますよね。子どもも時と場合、性格などにもよりますが、〝1つのものにじっくりと取り組むタイプ〟〝いくつかのことに興味があり、しかも同時に気になるタイプ〟といろいろあります。

親が1つひとつ片づけていきたいタイプだと、バーッといろいろなものを出して遊ぶ子どもにイライラしてしまいますが、**数種類のおもちゃが出ていることで、組み合わせて遊ぶアイディアが生まれることもあります**。たとえば、電車のおもちゃで遊んでいるときに、積み木でトンネルを作ってみたり、小さな人形をお客さんに見立てたりするなど。おもちゃは、単体で遊ぶように作られているものも多いのですが、組み合わせて、空想を広げて遊ぶこともできます。そんな気持ちで見守ってはいかがでしょうか。

【片づけは子どもと一緒に一斉に】

お悩みではパパが見かねて、途中で何度も片づけているようですが、生活時間の節目にだけ、片づけの号令をかけてはいかがでしょうか。たとえば、食事や入浴のときなどです。特に必然がなくても、「6時半になったらおもちゃを片づける時間だよ」などと決めておいてもいいでしょう。

「片づけなさい」と言葉で伝えても、なかなかやる気にならないものです。勉強でもそうかもしれませんね。とっかかりを作って（モチベーションをあげる工夫）、やっているうちに楽しくなる、集中して取り組むようになるという仕掛け

を考えてみましょう。

たとえば、**歌を歌いながら、その歌が終わるまでに片づけるとか、**親子で、「パパはぬいぐるみを片づけるから、○○ちゃんは電車を片づけて！」などそれぞれ担当を決め、「どっちが先に片づけられるか競争しよう」というような感じです。

毎回一緒に片づけなくても、子どもたちが片づけられたときに「今日は、自分たちで片づけられたね。きれいになってよかったたね」など、言葉で伝えるようにしましょう。

子どもを育むためのヒント

～遊び～

・**おもちゃの片づけは遊びの最後に**

親は1つずつ片づけて欲しいけれど、子どもの遊びはつながっていることも。別のおもちゃを組み合わせて遊ぶこともあるので、遊びの最後に片づけよう。

・片づけるタイミングは事前に伝えよう

「さあ、片づけるよ！」といきなり片づけ始めては、子どももまだ作っている最中だったりすることも。「あと5分で片づけよう」など、事前に予告しよう。

・片づけは一緒に楽しく

片づけやすい箱を用意したり、一緒に片づけたり。言葉で指示するだけでは、なかなか動けないもの。最初のうちは、一緒に楽しくがおすすめ。

遊び

私にだけキック、パンチをしてくる

子どもの気持ち

戦闘ものにはまり、私にキック、パンチと、攻撃してきます。小さな手足ですが、結構痛くて。「やめて」と言ってもやめません。先生に「ほかの子に攻撃していないか？」と確認したところ、していないと、ひとりでポーズをとって遊んでいるとのこと。なぜ私だけにするのでしょうか？（3歳7カ月男の子）

「ママは相手をしてくれるから、戦いごっこを仕掛けたくなっちゃう。だって楽しいんだもん！」

対応の引き出し

【やめて欲しいときは、きっぱり伝えよう】

「やめて」と言ってもやめない、結構痛いのですね。ママが困っていることが伝わっていないのでしょう。**キックやパンチをされて痛くてやめて欲しいなら、手を持って、目線を合わせて「痛いからやめて」ときっぱり伝えましょう。笑顔で言っても、ママが困っていることは伝わりません。**

ほかの子に攻撃していないということ。園ではほかの子に攻撃すると、先生

が止めに入るなど、「キックやパンチをしてはいけない」と子どもが認識しているのでしょう。園ではNGだけど、ママは許してくれるから、遊びの関わりとしてやってしまうのかもしれませんね。**対応を分けられることは社会性が身についているということでもあります。**

【OKの方法を伝える】

すべてのキックやパンチがNGということでないなら、たとえば「ママが手のひらでパーにしたところにならパンチしてもいいよ」「ママにするのはNGだけど、クッションや布団にはキックやパンチしてもいいよ」などと、OKの方法を伝えましょう。

子どもを育むためのヒント

- **遊びたい気持ちは叶える**

「戦いごっこをしたい」「何かをパンチしたい」ということなら、戦いごっこができる場所や方法を工夫してみよう。

お風呂

パパとのお風呂を嫌がる

パパが抱っこすると、すぐに「ママがいい～」と泣くので、結局私が抱いてばかり。お風呂も元々パパの担当だったのに、「ママがいい」と言うので、役割分担できずに私が入れています。（1歳半女の子）

子どもの気持ち

「パパに抱っこされると、落とされそうだし、ぎこちなくて怖いな～、ママのほうが安心するな～」

対応の引き出し

〔パパの経験値を上げよう〕

パパの抱っこで泣くのは、パパの抱っこの経験が少ないからでしょう。子どもは直感で生きています。安心できるかどうかで、判断します。パパがおっかなびっくり抱っこしていたり、抱っこされ心地がよくなかったりするから、困って泣いたり、「ママがいい～」と訴えたりするのです。

でもパパが、ここであきらめてはいけません。もちろん、状況によって、ママとバトンタッチでもいいですが、**パパが経験値を積まないと、ずっと「ママがいい～」となって、ママの負担も増えてしまいます**。

できれば、パパが子どものお世話をする必然を作ること。ママが一緒にいるときに、「ママのほうが安心なのに、ママが助けてくれない」となれば、子どももつらいものです。ママが料理をしているときに、別の部屋やママが見えない場所で、パパが子どもを抱っこしたり相手をしてみましょう。または、休日に数時間から半日くらい、ママが美容院に行くなどの用事を作って外出。その間、パパが

抱っこしたりお世話したりしてみましょう。家にパパしかいなければ、パパに頼るしかありませんから、きっと親子の絆《きずな》が深まるはず。ママがいない間、ずっと泣き続けていたとしても、**パパがお世話してくれた経験は、きっと子どもの心にも残るはずです**。

【楽しいお風呂グッズを利用】

「パパと入ると、お風呂が楽しい」ということを印象付けるのも一案です。プラスチックのカップやペットボトルを持ち込んで、水を汲んでジャーッと流すだけでも、子どもは楽しいもの。ママが入れるときは急いでいて、洗って湯船につかっておしまいということが多い場合、「パパと入ると何か楽しいことをしてくれる」となれば、子どもはパパとのお風呂を楽しみにするはずです。

お風呂

お風呂で遊び出してイライラ

カランの使い方や、給湯器のボタンを押すことを覚え、シャワーを全開にしたり、私がシャワーを使っているときにカランを切り替えたり、水に切り替えたりして、とにかく何もスムーズにできない。時間があるときは楽しく遊んでいると思い大目に見られますが、時間がないとイライラします。（1歳半女の子）

子どもの気持ち

水が出てくるのは楽しいし、スイッチも大好き。たくさん水遊びをしたいという気持ちでしょう。ママがなぜ怒っているのかわからないかも。

対応の引き出し

【触られたくないものは見えないようにする】

お風呂の形状によって、可能かわかりませんが。時間がない、短い時間で入浴したいというときには、興味があるカランやスイッチが子どもの視界に入らないように、ママの背中で隠したりして、入浴できたらいいですね。

【触っていいもの、いけないものを明確に】

「楽しそうだから、触ってみる、やって（スイッチを押して）みる」。これは探求心の現れ。基本的には、子どもの成長発達にもとてもいいことです。でも、絶対に触ってはいけないのなら、「これは危ないから触っちゃダメ」「熱湯が出るかもしれないから触らないよ」などと禁止する声がけをしましょう。**「楽しく遊んでいる」と思って許している日もあれば、NGの日もあるなら、乳幼児の場合は「昨日は遊べたのに、今日はダメなの？」と混乱します。**触ってい いもの、いけないものは、決めておきましょう。

【時間がないときは事前に説明する】

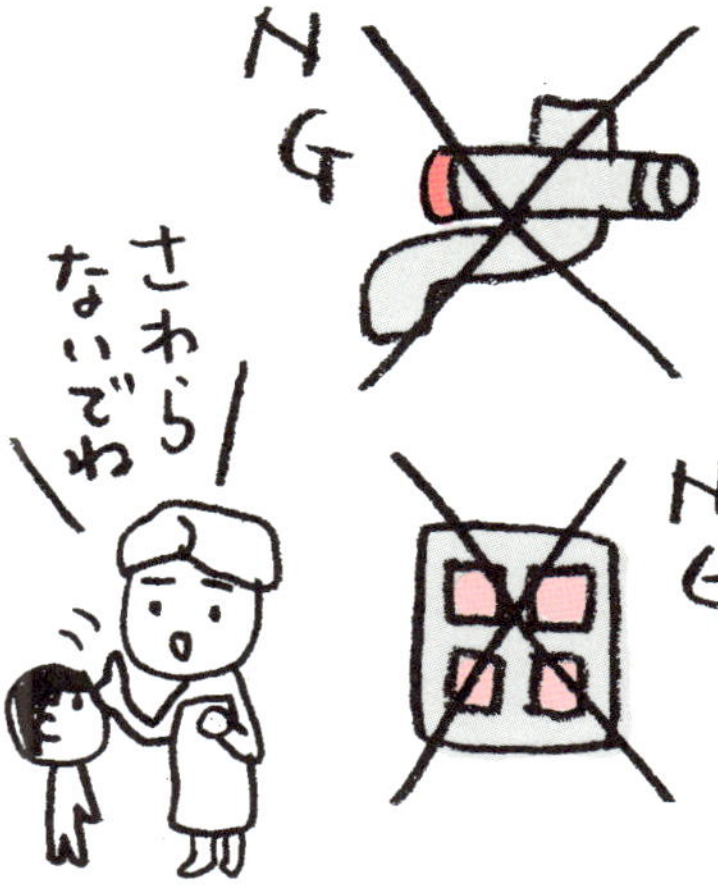

3歳ぐらいになれば、「今日は時間がないから、お風呂で遊ばないよ。明日はゆっくり遊ぼう」などと事前に説明してみましょう。すんなりいかないこともありますが、事前に伝えて、てきぱきと準備してお風呂に入れば、子どもも「急ぐときは、こうするんだな」と次第にわかってくれるでしょう。

子どもを育むためのヒント

～お風呂タイム～

・**パパもひとりで入れられるように**

ママとパパの連携で入れるのもいいけれど、**時にはパパがひとりで一連のお風呂タイムを担当してみるのもおすすめ。**ママが仕事で出張に行ったり、病気になったりすることだってあるのですから。

・**乳幼児期は、楽しい雰囲気作りを**

お風呂タイムはコミュニケーションタイム。子どもによって、お風呂が怖かったり、嫌いだったり、水が怖いということも。ペットボトルやジョーロなどを利用して遊ぶのもＧＯＯＤ。

・**子どもが自分で洗えるように**

子どもの成長に応じて、自分で体を洗う練習も少しずつ、やり方を見せてチャレンジさせてみよう。

睡眠

育児雑誌に書かれている通りに8時までに寝かせたい

「8時までに寝るといい」という育児雑誌の記事を読みました。平日は早く食べて、お風呂に入れて寝かさせたいのに。うちは頑張っても9時になってしまいます。食事は進まないのに食べ物を投げたりするため片づけたりしているうちに、時間はドンドン過ぎていき、しゃがんで床を拭きながら頭にカーッと血が上るのを感じます。声をあらげたこともあります。

（1歳8カ月女の子）

子どもの気持ち

「ママの都合に合わせて、早く食べて、お風呂に入って、寝るなんてできないよ」という感じでしょう。

対応の引き出し

【育児雑誌などの情報は、あくまで目安に】

1歳8カ月では、まだまだ自分のペースで生活しているので、親に合わせて行動するのは難しいでしょう。

育児雑誌や育児サイトなどには、いろいろな情報が書かれています。もちろん役に立つ情報もありますが、我が家には合わない情報ももちろん、あるでしょう。あくまでも目安やヒントとしてとらえるという意識を持つことが大切です。

【わが家のオリジナルスケジュールを作ろう】

本当に8時に寝かせたいなら、それぞれ食事の時間、お風呂に入る時間にインターバルを設けて、かかる時間を逆算して夜の時間の流れを考えてみましょう。子どもが園などから帰ってくる時間などから考えて「8時に寝かせる」が難しければ、8時半に寝かせるなど、調整してみるのも一案。

朝起きる時間や睡眠時間を考えて、やはり8時に寝かせたいなら、食事の準備の時間を減らす（作り置きや市販のお惣菜・冷凍食品を利用するなど）ように工夫してみましょう。

【時間の制限はイライラのもと】

「8時までに寝かせる」というスケジュールを決めていると、それに合うように物事が進まないとイライラします。

時間はあくまで目標にしましょう。

「今日は時間通りだった」「今日は30分

すぎちゃったな」などと考え、検証して15～30分くらいの余裕を含めてスケジュールを立ててみましょう。

子どもを育むためのヒント

～寝かしつけ～

・入眠の儀式を決める

布団に入る前のパターンを決めて、繰り返してみることも大事。「パジャマに着替えて、歯磨きをして、ぬいぐるみにおやすみを言ったら、布団に入る」など。

・眠りにつく環境を整える

明りがこうこうとついていたり、テレビがついていたりすると、なかなか寝つけないことも。眠りにつく少し前から、テレビを消して部屋を薄暗くするなど、環境を整える。

睡眠

夜泣きがひどい

夜泣きがひどく、私の睡眠時間が不足して困っています。抱っこしていたら眠るのですが、ベビーベッドに置こうとするとまたすぐに泣き出してしまいます……。イライラして投げたくなることがあります。（6カ月女の子）

子どもの気持ち

「眠れないよ～」「眠いけど眠れなくて困ってるよ」

対応の引き出し

［赤ちゃんが安全な場所にいれば、親が離れる］

寝つきやすい子と、寝つきにくい子がいて、睡眠には個人差があります。赤ちゃんは抱っこが大好き。安心して寝られる態勢でもありますね。

寝たと思ってベッドにおろすとまた泣き出す。一晩中、そんなことの繰り返しだったら、イライラして投げたくなりますよね。でも、そんな気持ちになったなら、赤ちゃんを安全な場所に置いて、泣かせておいても大丈夫です。ママが赤ちゃんからちょっと離れて、ストレッチしたり、お茶を飲んだりしてリフレッシュしましょう。

赤ちゃんの泣き声を聞くのがつらくなっても、赤ちゃんの口をふさいだり、前後に激しくゆすっては絶対にいけません。

［抱っこの手を変える］

ママが抱っこしても、なかなか寝てくれないときに、パパが抱っこすると寝てくれることもあります。

「なんでなかなか、寝てくれないの？」というイライラが、赤ちゃんに伝わってしまうことが一因かも。疲れたら抱っこをパートナーと交代してみましょう。

睡眠不足が続いているなら、日中に祖父母に見ていてもらったり、一時預かりなどを利用したりして、睡眠時間を確保しましょう。

【生活リズムを整える】

朝はカーテンを開けて、夜は暗くする。日中は、お散歩や子育てひろばに出かけてみるなど、活動するようにしましょう。生活のリズムを整えると、次第に落ち着いてきます。

赤ちゃんの夜泣きは、個人差もありますが、生後5～6カ月ごろから数カ月間と言われています。そのときは、ずっと続くような気がするかもしれませんが、一時期のことと割り切ると少し気が楽になるでしょう。

子どもを育むためのヒント

- **夜泣きは一時期のことと、あきらめる**

夜泣きの原因はわかっていないとも言われている。その時期だけのこととあきらめて、パートナーと交互に対応するなど、イライラしすぎない対策を立てる。

家の中で、イライラしない環境を作る

前作の『イラストでよくわかる　感情的にならない子育て』の本でも紹介していますが、**まずはイライラしない環境を作って「対処する」ことが大事です**。おもちゃをなかなか片づけられないなら、片づけやすいように箱などを工夫してみる、よく忘れ物をするなら、忘れないように工夫してみるということです。

私事ですが、子どもが保育園時代、持ち物が多くて、忘れてしまうこともしましば。そのときから私がするようになったのが、持っていくものを忘れないように玄関の真ん中に置いておくということ。玄関は必ず靴を履くときに通るし、真ん中に置くのはあえて邪魔になるところに置いて、気が付くようにするためです。

ある日、2つの荷物を持っていくのに、玄関に並べておいていたにも関わらず

1つしか持って行かなかった私（汗）。その翌日からは、複数ある荷物は、持ち手を縛っておくことにしました。それ以降、用意しておいたものは、忘れずに持参できるようになりました。

刺激を与えるものを隠す作戦もあります。

あるパパは、食事のときに子どもがテレビばかり見ていて、なかなか食事が進まないことにイライラ。そこで食事のときにはテレビに布をかけてしまったそうです。そこにテレビがあると、ついリモコンでスイッチを入れてしまいますが、布をかけると視界に入らなくなるので、あえて布を取ってまでテレビを見ようとはしなくなるようです。

手が届かないところにあっても、見えていると触りたくなりますし、取ってくれと要求します。おやつを棚の上に置いていて、子どもが指さしてあれを取って！　と騒いだりするのもよくあることです。

触られたくないものは、「見えない、届かないところにしまう」を基本にしましょう。

このように、行動するときに、忘れがちなことを自ずとするようになる環境作りをする、または視界に入らないようにして刺激を減らすという工夫をしてみましょう。

ここではママとパパ自身のケアの仕方をご紹介します

●ストレスの種類を知ろう

「子どもをどなりつけたり、たたいたりして育てたい」なんて思っている人はいませんよね。なのに、なぜ私たちは子どもに対して、イライラしたり、イライラを爆発させてしまったりするのでしょう。

それは、親である私たち自身が、ストレッサー（ストレスを引き起こす要因）をためているからです。ストレッサーの種類には、いろいろなものがあります。

- 疲れ
- 寝不足
- 思い通りにならない
- 言う通りにしてくれない
- 時間がない
- 蒸し暑い
- おなかがすいている
- 夫や義父母、実父母などとの人間関係
- ママ友やパパ友、ご近所などとの人間関係
- 仕事の人間関係
- 仕事がうまくいかない
- 体調が悪い
- 生理前（女性）

などなど、もっともっといろいろなストレッサーがありますね。

ストレスがたまったり、大きなストレスになったりすると、体も疲れ、気持ちもいっぱいいっぱいになります。大人はある程度、相手は忙しそうだな、ピリピリしているなと感じ、接し方を変えたり配慮したりしますが、子どもは、無邪気に感情をぶつけてきたり、時にはかまって欲しくてわざと手を煩わせたりすることもあります。

これが親のストレスを爆発（ストレス反応）させるスイッチになります。普段から自分が何にストレスを感じているのかを見つけ出しておくと、爆発することも減っていくでしょう。

column

●心を見つめてみよう

怒りは第二次感情といわれています。怒りは、思い通りにならないことへのいら立ちの爆発。

たとえば、何度言っても子どもが片づけてくれなくて、ついどなりつけてしまった場合、親としての私はどんな心境でしょうか。

- 何度言ったらわかるのか？
- 言い方が悪いのか？
- 子どもは、なぜ協力してくれないのか？
- 片づけないと、ご飯が食べられないし、寝る時間も遅くなって困る。
- 片づけられない子になる？
- 気持ちがわからない子になる？
- そもそも私は疲れている。
- 時間が足りなくてあせる……。

など、もっとさまざまな理由があるかもしれません。

落ち着いて、自分のイライラの元の理由（不安、心配、困惑、疲れなど）を客観的に確認してみましょう。心を見つめて、手当てできるものには対応してみましょう。

また、この心を見つめる方法は、子どもの怒りの爆発のときにも使えます。それは乳幼児期でも思春期でも同じこと。この子はなぜ、こんなに怒っているのか、いら立っているのか、「イヤだ」と言うのか。怒りの爆発の手前の気持ちに着目してみると、解決の糸口が見えてくるでしょう。

なぜか、はりきってしまう

大丈夫！　あなたのペースで考えてみて。たまには手を抜いちゃおう！

第3章

こんなときどうする？

外出先で困った

出かけるとき

自分が行きたくないと、嫌がる

休日のお出かけのときに、自分が行きたい場所でないと、上の子はすごく嫌がることがあります。（4歳女の子、2歳女の子）

子どもの気持ち

パパやママは、私のためを思って、お出かけの予定を立ててくれたかもしれない。でも「私は今日、おうちでおままごとをして遊びたかったのに」という気持ちかもしれません。子ども向けの場所であっても、「私が行きたい場所じゃないんだもの」という気持ちだったり、どんな場所なのかよくわからないところなら、面白くないかもと、子どものテンションが低いことも考えられます。

対応の引き出し

【行きたくないという子どもの気持ちを尊重】

行き先は、親としては子どもを喜ばせたい、楽しませたいと思って、決めているのだと思います。でも、テーマパークなどに子どもを連れて行って、子どもがぐずり出し「誰のために連れてきてやってると思ってるんだ!」なんて、親が子どもをどなりつけている光景を見ることもあります。

子どもの意思を尊重するといっても、当日「行きたくない」と言われて、上の子だけ連れて行かないわけにはいきませんよね。ただ、祖父母が同居していたり、近隣に住んでいたりするなら、上の子の「行きたくない」という気持ちを尊重して、祖父母宅で過ごさせるか、一緒に行くかを相談し選択させてもいいかもしれません。

【行き先を子どもと相談する】

まずは企画段階から、子どもに「今度の週末はどこに行こうか？」と相談してみてはいかがでしょうか。家族会議のような場を作って、それぞれが行きたい場所を提案してみるのです。それで、折り合いをつけるのも一案です。

または、事前にパンフレットやインターネットサイトを子どもに見せて、「週末はここに行くよ！」と説明しておきましょう。パパとママで決めて、子どもは当日に「今日はここに行くよ」と聞かされることも多いのではないでしょうか。**情報を聞いておくことで、そこに行ったときのイメージがわいたり、事前に親子で語り合うことで、わくわくする気持ちがわいてきたりするでしょう。**もちろん、

子どもを喜ばせたいというサプライズで企画する場合は、この限りではありません。

子どもを育むためのヒント

～お出かけ①～

・**子どもに行き先を伝える**

「出かけるよ」ではなく、「今日は○○に行くよ」と子どもに行き先を伝えよう。

・**出かける準備を手伝ってもらう**

「出かけるから支度しなさい」という命令型でなく、「出かけるから手伝って！」という巻き込み型にしてみるのも一案。

・**行った先での楽しいこと**

今この時に注目するのでなく、出かけた先に、楽しいことがあればそれを伝えて、気分を変えてみる。

外出先

出かけた先で、急に「おしっこ！」と言う

「おしっこ大丈夫？」と聞くと、「おしっこない！」と股間を押さえながら言い切るけれど、車内や出先で「おしっこ！おしっこ！」となり結局、毎回トイレを泣く泣く探すはめに。（5歳男の子）

子どもの気持ち

聞かれたときには「おしっこ出ないと思ったんだよ」と言うのが素直な気持ち。それに、早く面白そうなところに行

きたい気持ちのほうがいっぱいだったから、おしっこが出たいとも思わなかったよ、という感じかもしれません。

対応の引き出し

［どならずに、習慣化してみる］

せっかくトイレに誘ったのに「出ない」と言われ、あとから急に「おしっこ」と言われると親としても困りますね。

小学生になるころには、だいぶ排泄を自分でコントロールできるようになってきますが、**就学前は何かに夢中になっていたり、楽しいことに気を取られていたりして「おしっこない！」と言ってしまうこともあります**。

子どもとしてはわざとそうしたわけではありません。親としては「なんでさっき、おしっこないって言ったのよ！」とどなりたくもなりますが、そこはぐっと我慢しましょう。

解決策としては、ルーティーン化を心がけることです。

出かける前にトイレに行く、目的地に着いたらトイレに行くなど、パターンを作ってみましょう。もちろん「出ない！」と言うのに、無理やりトイレに連れていく必要はありませんが、生活サイクルの中で出かける前にトイレに行けたら「すっきりして出かけられるね」などと、ポジティブな声がけをするといいでしょう。

また、「トイレを泣く泣く探すはめになった」ことは、子ども自身にとって大きな経験の1つとなったはず。

出かける前に、「この間、お出かけ先で大変だったよね。だから、出かける前にトイレしておこう」と言えば、きっとすんなりトイレに行くようになるはずです。

外出先

電車に乗らない

遊園地に行くのに、電車には乗らないと言って改札の前で寝そべってかんしゃくをおこしダダをこねられ、電車を使わないと行けないところなのでイライラしてしまいました。よく同じことがあります。（4歳男の子）

子どもの気持ち

「遊園地ですぐ遊べると思ったのに、なんでその前に電車に乗らなくちゃいけないの」「今は電車には乗りたくないんだよ」「でも遊園地に行きたいよ〜」が僕の本当の気持ち。困っている気持ちを受け取って欲しいという感じかも。

対応の引き出し

【電車に乗りたくない気持ちを聞く】

寝そべってかんしゃくを起こされると大変ですね。

でも、何か気に入らないことがあって、その気持ちの爆発を止められなくなったのでしょう。親としては、子どものために遊園地に行こうとしているのに、「電車に乗りたくない」と言われたら腹が立ちますよね。でも、ここで「そんなことを言うなら、ひとりだけ置いていくよ！」などとは言わないように。

乳児の場合は、多少泣いていてもおんぶや抱っこで電車に乗り込めば、気分が変わることもありますが、４歳児なのでもし頑として電車に乗ることを拒否する場合には、泣きわめくのに無理やり連れて行くわけにもいかないでしょう。

もし、パパやママに心と時間のゆとりがあれば、気持ちが落ち着くまで待ってあげてみて。**親に忍耐力がいりますが、落ち着いたら、なぜ電車に乗りたくないのかを聞いてみましょう。**落ち着いたら、きっと自分の気持ちを教えてくれるでしょう。

そして「遊園地に行くには、電車に乗らないと行けない」「電車に乗らないなら、今日は遊園地に行かないで、家で遊ぶことにする？」と、問いかけてみましょう。この問いかけの場合は、行かない選択も示しています。行かない選択がない場合には、この問いかけはせず、少し時間はかかりますが、電車に乗らないと行けないことを伝えましょう。

【子どものタイミングを聞く、少し猶予を持つ】

時間があれば、「乗れそうになったら教えて」「2つ目の電車に乗るよ」と伝えるなど、今すぐではなく、少し時間の猶予を与えてみましょう。

外出先

気に入らないことがあると転がる

気に入らないことがあるとどこであろうがおかまいなしにひっくり返りダダをこねます。さすがにデパ地下でやられたときには、「ほんとに私の子なんだろうか？」と思い、私の母は「ほんとにうちの孫なんだろうか。うちの子は、こんなことしなかった」と言っていました。（2歳男の子）

子どもの気持ち

イヤだって思うと、気持ちが爆発して、転がっちゃう。「だって○○したいんだよ～」「だって○○がイヤなんだよ～」って言うのも、うまくまだしゃべれないし。ママにわかって欲しいけれど、うまく伝えられない。だから寝っ転がって「わかって！」とアピールしているのでしょう。

対応の引き出し

【落ち着くまで見守る】

「気に入らない」「イヤだ」と表現できることはいけないことではありません。

状況が許せば、落ち着くまで待ってもいいのですが、デパ地下だと困りますね。2歳児ならまだ抱っこできるので、泣き叫んでも大丈夫な場所に移動し、落ち着くまで見守りましょう。

子どもを育むためのヒント

～お出かけ②～

・**情報収集をして出かける**

トイレの位置や、休憩場所など、できれば情報収集をしたり、スマホで検索したりするなど、臨機応変な対応を心がける。

・**時間に余裕を持って**

移動途中やお出かけ先についてからも、子連れの場合はアクシデントはつきもの。時間に余裕をもって出かけよう。

・**予定変更も柔軟に**

どうしても行かなくてはならない場合には、もちろん決行。でも、「今日は行かなくていいか」と、お出かけをあきらめてしまう柔軟さも時には必要。

事前にできることを考えてみよう

たとえば、外出するとき。いろいろなイライラや困る場面があると思います。事前にできる対策を考えてみましょう。これは、叱ることを減らすこと、子どものトラブル回避にもつながります。

［事前にできる工夫のアイディア］

・情報を集めて、イライラの場面を回避する

混雑している電車の中で赤ちゃんに泣かれて困る、周囲の視線が気になるということなら、電車が混んでいる時間を避けるようにしましょう。**通勤通学の時間帯を避ける、混んでいる路線は使わず多少、遠回りでも別ルートを利用する、などです。**

最近、首都圏などでは、赤ちゃん連れのための、駅構内アプリ（エレベーター、エスカレーターの位置や、おむつ替えができるトイレの有無などがわかる）などを用意しているところもあります。ぜひ、事前にチェックしてみましょう。

・子どもの機嫌がいい時間帯を選ぶ

夕方は子どもも疲れるのでぐずったり泣いたりが多くなります。子どもによっては、午前中あまり機嫌がよくない子もいるでしょう。イレギュラーなお出かけの場合は、**可能な範囲で比較的機嫌のいい時間帯に移動しましょう。**

・子どもがぐずりにくいように、準備する

レストランで「料理が出てくるまでの時間が長いと、飽きてぐずり出す」という場合には、**待ち時間乗り切るためのアイテム（ノートとペンでお絵かきする、折り紙など、音の出ないもの）を用意していきましょう。**ファミリーレストランなどでは、ぬり絵やクレヨンなど用意しているところもありますね。

・子連れ歓迎のレストランを探す

レストランで子どもがぐずったときに、周囲の目が気になってイライラするなら、最初から子連れ歓迎のレストランを探すのも一案。最近ではキッズスペースなどを用意しているところもあります。

また屋外のテラスなどのほうが、多少騒いでも気にならないでしょう。

子どもに体験させたいのか、親が行きたいのか?

テーマパークや温泉施設など、家族で行って思い出を作りたいということもありますね。その気持ちももちろん大事です。

ただ、赤ちゃんの体力もまだありませんし、赤ちゃん自身が楽しめることが少ない場所もあるでしょう。赤ちゃんを連れていく場合は、赤ちゃんのペースに合わせることも大事です。テーマパークに行けば、せっかく入園料を払っているからと、早朝から夜まで楽しみたくなると思いますが、**赤ちゃんの様子に合わせ、半日とか数時間で切り上げる、休みながら楽しむなどの工夫が必要です。**

親自身が「テーマパークが大好きで、ゆっくり楽しみたい」のであれば、赤ちゃんはもうちょっと大きくなってから一緒に楽しむことにして、祖父母などに預けて、夫婦でゆっくり楽しんできたらいいでしょう。

「遊びに行くのに赤ちゃんを預けるなんて迷惑をかけられない」などと思う必要はありません。**ママにもパパにも、リラックスしたりゆっくり過ごす時間が必要です。**

たくさんリフレッシュしたら、翌日また子どもとの時間を楽しみましょう。

そんなことでいいんだ！

ちょっと目線を変えるだけで、子どもの気持ちは落ち着きます。

第4章

こんなとき
どうする？

きょうだい＆子どもの言葉・行動で困った

きょうだい育児

上の子が下の子をいじめる

上の子が下の子をすぐにいじめます。上の子がおもちゃで遊んでいるときに、下の子が興味津々で近寄って行くと、下の子を押したり、たたいたりします。（4歳女の子、1歳男の子）

子どもの気持ち

上の子の気持ちは「私がせっかく遊んでいるのに、邪魔しないでよ。あっち行ってて」下の子の気持ちは「お姉ちゃん、なんか楽しそうなことしてる。僕も遊びたい」という感じでしょう。

対応の引き出し

［上の子が安心して遊べる空間の確保を］

もちろん、下の子を押したりたたいたりするのはよくないこと。それはきっぱり伝えましょう。ただし、たぶん上の子も「触らないで」「あっちに行って」などと、下の子に対して伝えていたのではないでしょうか。

上の子の気持ちを考えれば、日中は園での集団生活をして、家に帰ってやっと自分のペースで遊んでいるのに、下の子に邪魔されてイライラしているのかもしれません。**可能なら、上の子が安心して遊べるスペースを確保してあげてはいかがでしょうか。**スペースがなければたとえば、テーブルの上で遊ぶとか、一定時間はチャイルドゲートで区切るなど。または、上の子が帰ってきて30分くらいは、親が下の子をおんぶして家事をこなすなど。きょうだいで仲良く遊んでくれると助かりますが、時には、上の子が集中して遊べる環境を整えましょう。

［上の子のいい行動に、感謝を伝える］

きょうだいがいる場合、下の子をいじめるなど、上の子が叱られることが多くなりがちです。下の子をいじめたくなる上の子の気持ちを汲み取って対処するようにしましょう。

そして、悪い行動を叱るよりもいい行動をほめること。**上の子は、親にとって、とても心強い助っ人になってくれることもあります。**

上の子が下の子におもちゃを貸してあげたり、下の子の面倒を見てくれたときには、「ありがとう」「助かったよ」などと声を掛けましょう。

きょうだい育児

寝かせるタイミングにイライラ

子どもたちを寝かしつけしながら、「寝ろ!」ってキレてしまいました。8時半頃には1歳前の娘が眠くなりだしてグズグズするので、そのタイミングで寝かせたいけれど。上の子が寝るときは甘えん坊になり「一緒に寝ようよ〜」と言ってくる。ようやく寝た……というタイミングで、上の子がいろいろ言ってくるので対応していると、今度は下の子が起きる。また下の子を寝かしつける……というループに毎日イライラしてばかりで

す。（3歳男の子、1歳女の子）

子どもの気持ち

子どもは眠くなると甘えたくなりますね。大人でもそうかもしれません。眠りは無防備な状態。だから上の子の甘えは、安心できる環境の中で眠りにつきたいという本能的なものでしょう。

対応の引き出し

［パパに早く帰ってきてもらう］

ひとりで2人の寝かしつけに対応することは、とても難しいですね。年齢も違えば個性も違う。たとえ双子であっても、2人とも同じ睡眠サイクルとも限りません。

ハードルが高いかも知れませんが、まずは、パパに早く帰ってきてもらうこと

も相談してみましょう。できれば夕食に間に合うくらいに帰ってきてもらい、ご飯を一緒に食べ、お風呂や寝かしつけを夫婦でシェアできると、とても楽になるはずです。毎日が無理でも、週に何度かは、早めに帰ることになっていれば、「今日と明日を乗り切ったら、明後日はパパも一緒に寝かしつけをしてくれる」と思えば、無限に続くかもしれない、つらさに枠ができて、少し楽になるでしょう。

【寝かしつけの順番を変えてみる】

とはいってもすぐにパパが早く帰ってくることが難しい場合は、やはりワンオペ育児になってしまいますね。その場合は、なるべくこだわりを減らしてみること。どちらも一緒に早めに寝かしつけたいのが本音ですが、やはりいっぺんに寝かしつけるのは難しいことです。

たとえば、どちらの子をほぼ決まった

時間に寝かせたいか考えてみましょう。上の子は、保育園や幼稚園に通っていれば、翌朝起きる時間を考えて「○時に寝かせたい」という希望があるでしょう。逆に、下の子は少しゆっくり寝かせてもいいかもしれません。上の子を寝かしつけてから下の子、という順番を変えてみるのも一案です。

そのためには、上の子を朝少し早起きさせるのも一案。そうすると、夜は早めに寝てくれるようになるでしょう。

子どもを育むためのヒント

~きょうだい~

・**上の子の安全エリアを確保**

上の子が遊んでいるときに、下の子が邪魔して、けんかになることはよくあること。下の子の成長に従って、一緒に遊べるようになりますが、上の子が集中して遊びたいときは、安心して遊べる場の確保を。

・**上の子との特別な時間も、時には作る**

きょうだい平等にと思っても、下の子のほうのお世話に手がかかっているもの。上の子は知らず知らずのうちに、**我慢していることもある。時には上の子とママ、上の子とパパだけで外出するなど特別な時間を作ろう**。

・**どちらかを先に**

上の子と下の子がいっぺんに寝てくれたり、お世話をまとめてできたりすればいいけれど、そうもいかないもの。手が足りないときには、どちらかを先に。上の子に相談して協力してもらうのも一案。

言葉・行動

手を離せないときに抱っこをせがまれる

料理などで手を離せないときに「抱っこして〜！」と言われます。こんなときはどうすればいいのですか？（2歳女の子）

子どもの気持ち

ママは「手が離せないとき」って思っている忙しい時間は、子どもはちょっと放っておかれた気持ちになることがあります。だから、少し寂しくなり、「だって今、抱っこして欲しいんだもの」という感じかもしれませんね。

対応の引き出し

【ママの状況を伝えよう】

子どものほうは、ママやパパが手を離せない状況であることを理解していません。

2歳後半から3歳くらいになると、「ママは忙しそう」と状況を考えて、少し気をつかってくれる子もいますが、基本的には、そのように思っても、「抱っこして欲しい」という気持ちが優先しますし、**それは、自分の気持ちを出せるということですから、抱っこを要求するのはいけないことではありません**。

ママの状況が許せば、ちょっと手を止めて抱っこしてもいいですし、今まさに料理中で手を離せないなら「今は、炒め物をしていて抱っこできないから、終わったら抱っこするね」などと、できない状況を伝え、可能なときの約束をしましょう。

「終わったら抱っこ」を約束したら、守ることも大切です。

【握手などを提案する】

抱っこをせがむのは、ちょっと寂しい、スキンシップをしたいということ。

なので、たとえば「ごめんね、今、お料理していて抱っこできないから、握手（ハイタッチ）でどうかな？」など、と（すぐにできる）別の方法を提案してみましょう。

子どもの状況によっては、それで満足してくれることもあります。

言葉・行動

イヤだを連発されて、うんざり

ひたすら、イヤだを連発。おてて洗おう！　この椅子で食べよう！　オムツ替えよう！　歯磨きしよう！　お風呂入ろう！　すべてに対して。（2歳男の子）

子どもの気持ち

子どもにも意思があります。指示されてばかりだと、反発したくなることも。「だって指示されるのがイヤなんだよ！」「ボクだって、自分でこうしたいって言いたいんだよ」という感じ。だから「イヤだ！」と言ってしまうのです。

対応の引き出し

【選択肢を示して、自己決定させる】

2歳前後は特に、イヤイヤ期の真っただ中。自我が芽生えて、「私は私」、自分の思う通りに、自分のペースでやりたいという自己主張が出てくる時期です。個人差もありますが、「おててを洗おう」「この椅子で食べよう」など、指示されることに対して、ことごとくイヤを連発することもあります。

こんなときは、選択肢を示すのも一案です。とはいっても、親として「手を洗うか」と「洗わないか」という選択をして欲しいわけではないですよね。**ですから、手を洗う前提での選択肢を考えてみましょう。たとえば、固形石鹸と泡石鹸を用意して、「手を洗おう。どっちがいい？」という感じです。**もちろん、子どもが「イヤ」というすべてに選択肢を用意する必要はありませんが、切り抜け方の一案として知っておきましょう。

【ダメなものは、子どもに根負けしない】

「イヤ」と言ってみて、大人の反応をうかがっていることもあります。

もちろん、そんなに策略的なものではありませんが、「イヤと言い続けると、もしかして通るのか？」と無意識に確認している場合もあるのです。ですから、**親が「イヤ！」に根負けして、毎回許してしまわないこと**。「イヤと言えば通るんだ」とわかれば、子どもはダメの基準がわからなくなります。

もちろん、状況によって、たとえば「お風呂に入ろう」と言われたのに「遊んでるからイヤ」と言った場合は、「じゃあ、あと1回だけね」などと、子どもと相談して折り合いをつけて切り抜けるという方法もあります。

言葉・行動

やることをあと回しにして、言い訳をする

やらなければならないことをあと回しにしたがる。ごはん、お風呂、着替え、歯磨き……etc。今やっている遊びを中断したくないのはわかるので、切りの良いタイミングで終わるように声をかけるのですが、わざとすぐ次のことを始め、「今これやってるからできない！」となかなか先に進めません（泣）。夜も朝も娘の意地との戦いです。（4歳女子）

子どもの気持ち

「パパにはパパのタイミングでやりたいことがあるのかもしれないけれど、私には私のペースやタイミングがあるからね」「パパのタイミングで言われても、そんなに次々できない」という感じでしょう。「それにわざとじゃないからね。だって、またやりたいことが見つかっちゃったんだから」

対応の引き出し

【どうしたらできるかを、子どもと相談】

「次のことを始めてしまう」のは、自分のペースを大事にしたい、指示されたくないからかもしれません。

4歳ですし、お子さん自身も考えてアイディアを出せると思います。子どもと相談してみましょう。

指示されるだけよりも、自分のことを尊重してくれるという気持ちになりますし、どうしたらいいかを考えて、自分で主体的に動くきっかけになるかもしれません。

時間があるときに、「朝起きたら、保育園に行くまでに、歯磨きをして、ご飯食べて、着替えないといけないよね。いつも出掛けるのがぎりぎりになるけど、どうしたらいいかな？」などと相談してみましょう。

時間の配分や、順番なども相談してみましょう。着替えを選ぶのも、たとえば前夜に相談して準備しておくとその分、時間的な余裕ができるでしょう。

【スケジュールを書き出してみる】

わかりやすくスケジュールを書き出して、貼り出してみるのも一案です。子どもと一緒に「朝と夜のスケジュール表」を作ってみましょう。

時計の絵を書いて「〇〇の時間」などと、書き出してみてもいいでしょう。また は、**タスクリストを作って、完了したらお気に入りのシールを貼るなど、楽しくできる工夫を子どもと考えてみましょう。**

上の子の言葉や行動に、注目することを心がけて

子どもが複数いる場合、きょうだいの子育てに悩む人は、とても多いものです。

赤ちゃんが生まれた、またはまだ下の子が小さくて手がかかる。そんなときに、上の子にも手がかかったり、上の子が今までできていたことをやってくれなくなったりと、ママ（パパ）ひとりでは、子どもたちのお世話はもちろん、基本的な生活を回すことさえも大変困難になります。

子どもと向き合ったりするどころか、きょうだいで食べる、寝る、トイレという、基本的なことを回すだけでも精一杯。「ひとりでどうしたらいいの！」という迷いや、つらさが爆発し、子どもをついどなりつけることにつながってしまったりします。

子どもに対して、優先順位をつけるという発想は抵抗があるかもしれません

が、大人がひとりしかいない場合は、なるべく上の子に先に対応するというのが、1つの考え方です。

赤ちゃんや下の子は、おむつを替えたり、お世話をしたり、必然的にある程度の時間や手間をかけているでしょう。**どうしても上の子はあと回しになりがちなので、上の子への関わりを、なるべく優先するようにと心がけてみましょう。**

上の子は、いろいろな気持ちを持って、親に対してさまざまなメッセージを伝えてくれています。言葉だけでなく、行動、機嫌なども、1つの発信です。下の子のお世話に追われながら、上の子に対応していると、なかなかキャッチしきれませんが、あえて心がけて、上の子の表情や行動などに注目してみましょう。

親を困らせるような行動には、上の子の切ない思いが、きっと隠れているはずです。話を聞いたり可能なことは対応しましょう。

子どもの言動と子どもの心のギャップがあることも

子どもの言葉と心に、ギャップがあることもあります。
大人でもありますが、強がって見せる、また配慮して自分を出せないというようなことです。

特に上の子や、3人きょうだいの真ん中の子などは、その傾向が強いよう。親が下の子に手がかかっていると思うと、甘えたくても我慢してしまったり、寂しいのに妙にハイテンションで楽しそうにふるまったりすることもあります。

また、よくあるのが、園や学校ではすごくしっかり頑張っているのに、家では妙に甘ったれで、なかなか動いてくれないというケース。
これはとても健全に成長している証拠です。社会性が身についている、つまり園や学校という公の場では、周囲に気遣いながら行動できているということです。

そして、家では、思い切り甘えてバランスをとっているのです。親のほうは、「家でだってできるはず」「なんで、自分でできるのに甘えるの?」と思ってしまいますが、外で頑張っている証拠と思って、可能な範囲で対応しましょう。

ただし、子どもの要求がエスカレートする場合には、「○○はできるけれど、△△まではできない。そこは自分でやってね」など、ある程度線を引いて対応するといいでしょう。

きょうだいげんかの結末

上の子ばかりが悪いわけじゃない。ちゃんと理由を聞いてみよう! ほおっておいたら自分たちで解決することも。

第5章

こんなときどうする？

園・学校や習いごとで

園生活

なかなか園に行けない

園に出かけるときになると「眠くなってきた」などと言って、なかなか出発してくれないときがあります。下の子の支度をしながら「下の子に上着を着せたら行こう」と言ったりしているのですが、言い方が悪いのでしょうか？　ついイライラして「置いていくよ！」と玄関に行くと、泣いて玄関まで来ます。（3歳2カ月女の子、3カ月男の子）

子どもの気持ち

「眠くなってきたと言ったら、ママが私のことをかまってくれるかな〜」というような気持ちかも。または、「今行きたくない」という無意識の気持ちによって、わざとではなく、本当に眠くなったような気がしてしまうこともあるのです。

対応の引き出し

【下の子への小さな嫉妬!? 気分を切り替えてあげよう】

下の子がまだ3カ月なので、上の子は少し赤ちゃん返りの時期かもしれません。たぶん、下の子も一緒に出かけても、そのまま上の子だけ園で生活するのでしょうから、「私も、園に行かずにママと一緒に過ごしたい」というのが本音かもしれませんね。出かけることはわかっているけれど、なんとなくその気にならないというところでしょう。でも、上の子としては、それがなぜなのかは、自分でもまだ気持ちを明確に把握することができないし、説明できないのではないでしょうか。

「置いていくよ」というのは、子どもにとっては脅《おど》しの言葉、不安になる言葉です。

親は言うことを聞いてくれないと、つい口から出してしまいがちですが、そのような声かけはやめましょう。子どもの気持ちを、園での楽しいことに向けてみましょう。「今日は○○をやるみたいだよ」とか「(友だちの)□□ちゃんと、また△△して遊べたらいいね」などと、子どもの気持ちを切り替える手伝いをしてみましょう。

園生活

園に行く支度をしない

保育園への送りの朝、支度をしないどころか靴すら履き替えないで遊んでいるときイライラします。（4歳男の子）

子どもの気持ち

だって遊び始めたら楽しくなっちゃったんだもの。「もうちょっと遊ばせて」「このまま遊んでいたい」「早くって言わないで」

対応の引き出し

〔支度と言わず、具体的に伝える〕

親はよく「早く支度をしなさい！」などと言いますが、支度とひとくくりにせず、「そろそろ着替えよう」などと具体的に伝えましょう。そして「着替えたら、保育園バッグを持ってきて」などと、役割を頼むのもいいですね。

〔時間の流れを子どもと相談して作る〕

親のほうは、保育園に送ったあとに職場に向かわなくてはならないので、時間の余裕がないわけですよね。だから子どもが思うように動いてくれないと、イライラしてしまいます。朝、子どもが遊びたいようなら、朝の時間を組み立て直してみましょう。「朝遊びたいなら、20分早起きする」など、どんな時間の使い方にするか、子どもと相談して流れを作ってみましょう。

「全部支度が終わってから遊ぶ」「遊ぶ時間は針が○のところまで」など。夢中で遊んでしまうと、**時計を見て遊びを終わらせることができないので、出かける時間の5分前に声をかける、または音楽が鳴るタイマーをかけるなど**、子どもが気づく方法を考えてもいいですね。

子どもを育むためのヒント

～園生活～

・**行きたがらない理由を確認**

「園の準備をしない」「行きたがらない」というのは、**もしかしたら園で何かしらの困難（先生が怖い、友だちとけんかをしたなど）を抱えているからかも**。子どもに聞いてみよう。

・**園の準備をリストアップ**

イラストをつけて、園バッグに入れるものを書き出すのも一案。「ふきんとコップ、歯ブラシの3つ入れたかな？」などと、数で確認するのも一案。

・準備をルーティーン化

「時計の針が○になったら、着替えよう」などと、子どもと相談しておくのもいいですが、時間を見ながら動くのは、幼児期にはまだ難しいことも。「朝ごはん食べて、着替えて、準備ができたら、園に行くまで絵本を読もうね」など、**毎日の流れをルーティーン化してみよう**。

習い事

サッカーの練習をだらだらしている

子どもが自分がやりたいと言ったサッカースクールに通っているけれど、出かけるのに時間がかかるし、練習中もだらだらしています。（6歳男の子）

子どもの気持ち

「ぼく、本当はサッカーやりたくないいんだ」「コーチが怖くてイヤなんだ」「サッカーは好きだけど、ほかの友だち同士、仲が良くて、ちょっと寂しい」

対応の引き出し

【そもそも本当にやりたかったことなのか？】

「子ども自身がやりたいといったから、習い事を始めた」というのはよくある話です。もちろん、子ども自身が本当に「やりたい」と言ったのだと思いますが、「体験教室のときには楽しかった」ということもあります。それは、目新しいことをやってみて、新鮮だったからということもあるでしょう。体験教室では、習い事を始めて欲しいので、初歩の簡単だけど面白そうなことを優しく教えてくれることも多いですから、子どもには魅力的に映ります。

また、子どもは結構、親を喜ばせたいと思っているもの。親が体験教室に連れて行ってくれて、自分がやっている様子をうれしそうに見ていて、「やりたい！」と言うと親が喜んでくれるので、自分もうれしくなります。こうしたことを踏まえて、**そもそも、子ども自身が、本当にやりたかったことなのかという視点を持つことも大切**です。

【気分が乗らない理由を聞いてみる】

そのような入会がNGというわけではありません。入ってみて、活動がだんだん楽しくなってくることも多いものです。

ただし、出かける支度に時間がかかるのは、もしかしたら、気が乗らないせいかもしれません。理由としては、そもそもサッカーがそんなに楽しくない、コーチが怖くてイヤ、友だちとうまくいっていないなどの理由が考えられるでしょう。そのほかにも理由があるかもしれません。**時間を取って子どもとゆっくり話してみましょう。**

親としては「せっかく入会したのに、やめてしまってはもったいない」と思ったり、「途中でやめてしまうと、継続力のない子になってしまう」と心配になったりしますが、モヤモヤしたまま通い続

けていても、子ども自身の負担になりますし、気持ちが乗らないと、サッカーの技術向上も難しくなるでしょう。

サッカーが好きなのか、継続したいのかを聞いて、そのうえで、障害になっていることが何なのか、話してみましょう。友だちとの不仲が原因であれば、もしかしたら子ども自身の思い込みだったということもあるかもしれません。お友だちやコーチとの関係性など、場合によっては、親が交通整理をして子どもに代わって伝えてみることもありでしょう。**その場合は、子どもにも了解を取ったうえで、コーチなどに伝えましょう。**

子どもを育むための
ヒント

～習い事～

- **習い事中の子どもの様子を見る**
  習い事の送り迎えだけでなく、時には習い事中の子どもの様子を見てみよう。子どもが前向きに取り組めているのかをチェック。

・**行きたがらない理由を確認**

習い事に行きたがらなかったり、習い事中に（いつも）乗り気でない様子なら、子どもに気持ちを聞いてみよう。

・**やめる選択もある**

習い事を始めると、「受講料も払っているし、せっかく今までやったのに」と親のほうがやめさせたくなるが、子どもの様子を見て、子どもにとって最善の選択なら、やめるのも一案。

・**忙しすぎないように**

習い事を詰め込みすぎる傾向も。習い事は基本的に、指導者が組み立てた予定の時間を過ごすことになる。**何も予定がなく、ぼーっとする時間や、友だちと思い切り遊ぶ時間は、思考を整理したり、想像を膨らませたりするためにも大事。**

毎日の生活で
外出先で困った
きょうだい＆子どもの言葉・行動で困った
園・学校や習いごとで
夫や祖父母にイライラする

学校の準備

準備をしないし、忘れ物もする

小学生になり、宿題、持ち物の準備などを聞くと「わかってる!!」と怒りモードで返答しつつ、遊んでいる。そのせいで準備し忘れること多々。困るのは本人だし、経験して学んでくれたらと思いますが。いつまで見て見ぬ振りをすればいいのかなぁ、と思ったりします。（6歳男の子）

子どもの気持ち

「今、やろうと思ったのに！」「僕の夕

イミングがあるんだよ！」「でも、忘れちゃうことだってあるし、パパだって忘れ物するでしょ」

対応の引き出し

【気持ちを尊重しつつ、1つずつ分けて考えさせる】

園生活と違って、小学生になると、自分で準備したり、時間の使い方を工夫したりしなくてはならなくなります。でも、なかなかスムーズにはいきません。「親に言われたくない」「自分でできる」「自分でやりたい」という気持ちを尊重しつつ、フォローしていきましょう。

その場で、「宿題やったの？」「プリント出した？」「忘れ物してない？」などと、**矢継ぎ早に言われると、子どものほ**

うは「うるさいな〜」「わかってるよ！」となってしまいがちです。

忙しい時間に言っても言葉を素直に聞きにくいので、週末や早く帰って来たときなどにゆっくり時間を取って話してみましょう。そのときにまとめて話すのではなく、「宿題の時間はいつどこで取るか」「学校への持ち物は何を準備するか」「忘れ物をしない工夫として、どんなことができるか」など、１つずつ分けて考えさせるのがポイントです。

子どもを育むためのヒント

〜学校の準備〜

- **時間の使い方を相談**

ママやパパが心配していることを伝え、どの時間帯で何をしたらいいのかを考えさせる。子どもに計画を作らせてみて、やってみて、うまくいかなかったらまた、調整してみよう。

- **ある程度任せる**

親はいろいろ心配になるけれど、小学生になったらあまり細かくチェックしすぎず、子どもにある程度任せてみる。心配な様子が見られたら、時間を取って、子どもと相談しよう。

・忘れ物をしたらどうするか？

子どもと「忘れ物をしたらどうするか」を相談してみましょう。

もちろん、忘れないほうがいいですが、人間忘れることもあるもの。その時に、先生に相談する、友だちに借りるなど、臨機応変に対応できるようになることも生きる力になる。

ひろば・公園

おもちゃを貸してあげられない

子育てひろばのおもちゃを独り占めして遊びます。友だちに貸してあげられないのです。（3歳5カ月男の子）

子どもの気持ち

「今、ボクが遊んでいるのに、どうして貸してあげなくちゃいけないの？」というのが素直な気持ちかもしれません。楽しく遊んでいるのに、ボクがなぜ遊びを中断して、貸してあげなくちゃいけないのかわからない。このおもちゃは、今「ボクに必要なものだ！」という感じでしょうか。

対応の引き出し

【貸したくないという気持ちを受け止める】

親として、友だちと仲良く遊んで欲しいという気持ちを持つのは当たり前のこと。でも、そのために「貸してあげなさい」と子どもに一方的に強いたり、指示したりするのはよくありません。まずは子どもの気持ちを大事にしましょう。

「貸してあげなさい」「イヤじゃありません！」などと、子どもの気持ちを受け止めず、指示や否定の言葉をかけていると、子どもの自尊心が育まれません。

貸したくないという気持ちはキャッチしましょう。

【子どもと相談する】

そのうえで、どうしたらいいかを子どもと相談しましょう。

今の状況や相手の気持ちを伝えてみましょう。「○○君も使いたいって。でも△△は1つしかないよ。どうしたらいいかな?」というふうにです。**子ども自身が考えて、解決策を提案してくれるように促しましょう。**

でも「どうしても貸したくない」と言うかもしれません。

そのときには、子ども自身でそれを相手に伝えるように促しましょう。「僕はどうしても、このおもちゃで遊びたいんだ」と。親としては例えば「ごめんね、ちょっと待っててね。またしばらく遊んだら聞いてみるね」などと、友だちへの言葉をフォローしてあげましょう。

ひろば・公園

せっかく公園に行っても、抱っこを要求される

ベビーカーで公園に。歩けるようになったし、たくさん遊んで体力を使って、寝て欲しいのに、公園に行ってもすぐに「だっこ！」。抱っこのままベンチに座っているだけで、何のために公園に来たのかわからない日も。（2歳女の子）

子どもの気持ち

「だって、この公園はまだ3回目だよ。様子がわからなくて不安だから、ママと

くっついていたいんだ」

対応の引き出し

【少しずつ公園に慣れるように】

大人でもそうかもしれませんが、子どもだって、新しい場所や新しい人の中に入るのは、勇気がいること。

これには個人差があります。**抱っこをせがむのは不安だったり、ちょっと勇気が欲しいから。**短い時間だけ立ち寄って、抱っこになっちゃうからとあきらめるのではなく、ちょっと長めの時間をゆっくり過ごしてみてはいかがでしょうか。

たとえばベンチに、抱っこしながらゆっくり座っておしゃべりしてみたり、抱っこしながら、公園の遊具を見せて「これはブランコっていうんだよ。揺れて楽しそうだね」などと話しかけて散策してみたり。一緒にしゃがみこんで、葉っぱを眺めたり、ありを見つけたりしてもいいかもしれません。

そんなふうを何日か過ごしているうちに、公園や遊んでいる子どもたちの様子に慣れて、少しずつ探索を始めてくれるでしょう。


親から離れて遊べるかどうかは、子ども自身のタイミング次第。その日のご機嫌によっては離れないこともあるでしょう。

でも、遊ぶのが楽しくなれば、呼んでもなかなか戻ってこないくらいになりますよ。

ひろば・公園

なかなか帰らない

公園で遊んでいると、「帰るよ！」って言っても、なかなか帰ろうとしません。こっちは帰って夕飯を作らなくちゃならないのに、イライラします。（4歳男の子）

子どもの気持ち

「だってもっと公園で遊びたい」「今、遊ぶのが楽しいんだもん」

対応の引き出し

【少し妥協して、枠を提案する】

子どもは夢中で遊んでいたり、その場所が楽しかったりすると、気持ちを切り替えるのが難しいものです。少し時間の余裕があれば、時間や回数の枠を提案しましょう。「帰ってご飯作らなくちゃいけないから、あと2回したら帰ろう」と促してみるという感じです。「3回にして！」と言われたら折り合いをつけながら調整してみましょう。

【帰りの時間を予告する】

毎回、なかなか帰れずに困る場合は、事前に知らせておくことです。「時計の針が6になったら帰るから、あと10分ね」などと、事前に伝えておきましょう。もちろん子どもは時計を見なが

ら遊ぶわけではないので、5分前くらいになったら、「あと5分ね～」とリマインドしておきましょう。

子どもを育むためのヒント

～公園などから帰るとき～

・帰りたくないという気持ちに共感する

「帰りたくない」「もっと遊びたい」という気持ちに共感しよう。

・気持ちの切り替えの時間を作る

気持ちを切り替えにくいときは、「あと2回やったら、帰ろうか？」と提案。子どもが「じゃあ3回！」と言えば、「じゃあ3回ね」と折り合いをつけよう。

・子どもに帰ってからの役割を与える

「帰ったら、サラダを作るのを手伝って」など、帰ったあとに楽しそうなお手伝いがあると、気持ちを切り替えやすい。

心の不調が体の不調になって現れることも

「気がかりがあって、夜眠れず体調が悪い」「緊張して、おなかが痛くなる」など、大人でもそんなことがありますよね。

朝、幼稚園や保育園、または学校に行く時間になるとおなかが痛くなる。病院に行って診《み》てもらっても、特に病気ではない。そんなとき「仮病でしょ！」「気持ちの問題！」「そんなこと言ってないで、さっさと行きなさい！」などと、切り捨てたり、叱ったりするのはやめましょう。子どもが、ＳＯＳを出しにくくなります。

たぶん、子どもは本当におなかが痛いと感じているのです。

「なぜそのように感じるのか」を、子どものタイミングで話してもらいましょう。

このときに「なぜ、行かないの？」「理由を言いなさい！」などと詰問しないことが大事です。子どもの心が弱っているから、体の不調を感じているのです。少しゆっくりとリラックスできる環境を作るように心がけて、「園（学校）で困っていることがあったら、教えてね」などと伝えましょう。

困りごとは自分の心の中で整理できないと、なかなか口にしにくいことも多いものです。話せるまで、少し時間がかかることもあるので、子どもの言葉を待ってみましょう。子どもが安心して話せるように、心と体が安心、安全に保たれることが大切です。体調がよさそうなら、朝ちゃんと起きて、食事もとり、家事を手伝ってもらうなど、生活リズムを整えることが、子どもの体も、心も元気にしてくれるでしょう。

また、なぜ元気が出ないのか、子ども自身が言語化できなかったり、客観的にわからなかったりこともあるでしょう。大人でも「なんかモヤモヤする」「なぜかすっきりしない」ということもありますよね。心が元気になると、自然に元通りになることもありますし、あとから「あれがイヤだったんだ」と思い当たることもあります。**答えを急かさず、心が元気になるように、安心、安全な生活を整える**ことを心がけましょう。

親の目の前で起こっていないことは、状況を聞かないとわかりません。子どもから聞くことができなければ、園や学校の先生に様子を聞いてみましょう。そのときに、仲良しの友だちから様子を聞くのも一案です。**そのためにも、子どもの友だちを知っておくこと、コミュニケーションを取っておくことは、とても大切です。**

ミッションを詰め込みすぎない

特に共働きの場合など、子どもがなまけないように、だらだらしないようにと放課後の時間に習い事や勉強などを詰め込みすぎていませんか？

大人でもそうですが、何もしない時間、ぼーっとする時間は、脳のためにも必要と言われています。

親がやることを詰め込みすぎると、子どもは受動的になります。

たとえば、習い事。いろいろな習い事にチャレンジし、体験を増やすのは、素晴らしいことです。

ただ、習い事をしている間は、先生やコーチの指示通りに動いていることが多く子ども自身が、何を優先して、どんなふうに時間を使うかを自分で考えて行動しているという感じではないでしょう。

たとえば、子ども同士で遊ぶとき。「何をして遊ぶ？」といくつかの遊びを提案したり、人数やメンバーによって何ができるかを相談したり。ある程度遊んだら、工夫して遊びを発展させたり、別の遊びを始めたり……。

子どもが主体的に遊ぶためには、枠のない時間が必要です。

ぜひ、詰め込みすぎずに、子どもの時間を大事にしましょう。

いつも、いつも、いつも

そんな時期もありますね！

第6章

こんなとき
どうする？

夫や祖父母にイライラする

夫や祖父母へのイライラが、子どもへのイライラになる

これまでは子どもに対してイライラする実例を集めましたが、それ以外で、とても多いのが、夫や祖父母へのイライラ。今回は「夫へ」のイライラの実例ばかりですが、夫から「妻へ」のイライラもあるでしょう。

パートナーや祖父母に対してイライラしていると、自分のそもそものイライラの沸点が低いため、ちょっとした子どもの言動で、イライラが爆発してしまうことが少なくありません。

子どもと向き合うには、ゆったりとした精神状態と十分な体力が必要。でも、それを蓄えておくためには、パートナーや祖父母へのイライラを減らしておくことが大事です。

子育てをするようになると、困った状況をどう考えるか、どうやって解決していくかという選択に対して、夫婦間で価値観の違いを感じるようになります。

祖父母についても、同様のことが言えるでしょう。義父母の場合には、多少の遠慮もあり、ある程度の距離感を保とうとするために、さほど大きな軋轢《あつれき》にならないケースも多いようです。しかし、実の父母となると遠慮もないので、考え方の違いが大きな軋轢になってしまうことがあります。

子どもとの関わりの基本と同じですが、パートナーも祖父母も別の人間として、尊重しあうことが大切です。

そのためには、最低限の方法ややり方を相手に伝え共有しておくこと。そして、あなた自身が許せる範囲で許容の幅を広げておくこと。お互いに感謝しあい、それを伝えることも忘れないようにしたいものです。

夫に
イライラ

子どもに命令口調で接する

仕事の都合で平日まったく娘と会わないパパ。休日くらいお世話して欲しいのですが、口で「歯磨きしろ」「風呂に入れ」と指示するだけで、パパ自身は手伝わず、遠回しに私に命令している状態です。できないから、という理由で娘が生まれてからずっとその態度を改めず、4歳の娘からもふれあいを拒絶されています。私は娘のおかげで母親になれましたが、パパは父親になりきれていません……。（4歳女の子）

対応の引き出し

【パパへの対応も、小さな階段から】

子どもと接する時間が少なく、「関わり方がわからないまま、子どもはもう4歳」という感じでしょうか。このままだと、子どもとパパの関係もよくならず、パパも自宅での居心地が悪くなるような気がします。

「どんな家族でありたいか」ということを、パパと一度ゆっくり話してみてはどうでしょうか。子どもが眠ったあとに、ゆっくり時間が取れればいいですが、それが難しければ、週末などに子どもを祖父母に見ていてもらったり、友だちのお宅で遊ばせてもらったりしているときにゆっくり話してみましょう。

そのうえで、**子どもとの関わりを、得意そうなものから1つずつ、方法を伝えてやってみてもらいましょう**。ママも子どもとの関わりはなんでも初めてだったはず。でもパパは、平日は夜遅い帰宅で、週末はママのサポートになってしまっているため、子どもとの関わり方がわからないのでしょう。たとえば、歯磨きはまだ仕上げ磨きを親がやっているでしょうから、ママが仕上げ磨きをしているところを見てもらって、注意点をアドバイスして、パパにもやってもらうという感じです。歯磨きでなくてもいいですが、1つずつできるようになると、パパオリジナルの方法（たとえば楽しく声をかけながらとか、歌いながらとか）でやってくれるようになったりして、子どもとの関係も変わってくると思います。

夫にイライラ

自分の価値観を押し付けてくる

会社に遅刻できないので、私の都合に子どもを合わせて急がせてしまいがち。夫は眠くても子どもと遊ぶし、忙しくても料理を作るし、時間が迫っていてもイライラしないので、「できて当然」という空気があって、きつく感じるときがあります。（2歳女の子）

対応の引き出し

【パパと比べない】

パパが子どもと遊んだり、料理も作ったりしてくれるとのこと。とても助かりますね。でも、「それに比べて、私は……」と比較してしまうとママ自身がつらくなります。きっとママも、子どもとの素敵な関わり方や、いいお世話の仕方が

できているのではないでしょうか。子どもがお話しできるなら「ママのどんなところが好き?」と聞いてみてもいいかもしれませんね。

【ママの役割をパパにシェア】

ママ自身に余裕がないと、ついイライラしてしまいます。パパとの家事育児の役割シェア、1日の時間の使い方などゆっくり相談してみましょう。パパにやってもらったほうがいいところ、ママがやったほうがいいところなど、主担当を見直してみると、流れがよくなるかもしれません。

もう1つ大事なのは、ママもパパも自分の時間を持つこと。子どもが小さいとなかなか難しいですが、月に一度、半日だけでも、交互に自分の時間を持てるように調整してみましょう。ひとりで考えたり、ぼーっとしたり。心を整える時間はとても大切です。

夫にイライラ

手の抜き方がわからず、夫とは毎晩けんか

家事・育児・仕事、手の抜き方がわからなくて、というか「手を抜くのはダメなこと」「人に頼むのは悪!」っていう思いが強かったんです。その結果、仕事ばかりの主人とは毎晩けんかだし、うつになりそうです。（3歳男の子、1歳女の子）

対応の引き出し

【手を抜ける家事を見つける】

「家事などの手の抜き方がわからない」

というママも少なくありません。手を抜くと余計に気になって、イライラしてしまったり、「こんなふうに手を抜いていいのか。自分が楽をしていないか」と自己嫌悪に陥ってしまったり……。

そんなときは、家事を分けて見ていきましょう。**自分がどうしても手放せない家事、こだわりが強い家事をリストアップ**するのです。たとえば、料理がもともと好きで、料理することがリフレッシュにもなっている場合は、料理の手を抜くとそれがストレスになってしまいます。そのような場合は、こだわりのない家事の負担を軽減する工夫をしましょう。たとえば皿洗いなら食洗機を利用するとか、掃除はロボット掃除機を利用するなどです。

また、買い物は週末にまとめ買いをしたり、宅配を活用したりするなどの方法もあるでしょう。

【パートナーに相談しよう】

仕事ばかりのパートナーにも、家族との時間をもうちょっと取れるようにする方法がないか、相談してみましょう。パパ自身があとで振り返ったときに、子どもとほとんど過ごしていなかったり、家族と会話がなかったりするのは、とても寂しいことではないでしょうか。

ママが言ってもなかなか聞いてくれない場合、ご近所の子育てに積極的なパパの家族と、一緒にランチをしたり、ピクニックに行ったりするのもおすすめです。

パパ同士で仲良くなってもらって、友だちパパの考え方や、子どもへの関わり方に刺激を受けてもらう作戦です。

また、パパ講座を行っている自治体も増えてきました。パパの意識改革、パパスイッチが入るのはいつからでも遅くありません。

パパ講座はママが申し込みすることも多いので、見つけたらぜひパパに受講をすすめてみましょう。

子どもお友だち家族と食事もいいよね
こぼしてるよ

夫に
イライラ

夫がイライラする私に近づきたくないオーラを

夫はイライラしている私に近づきたくないオーラを出すので、それを察してさらにイライラ。あまりにカーッときて自分でも驚きましたが手を出したい衝動を感じたので、本に書いてあったことを思い出し、その場を離れないとダメだと思って、一度、家の外に出たことがあります。子どもが泣きながら追いかけてきたので、少し頭を冷やして（といっても数十秒のレベルですが）から家に入りました。

（2歳女の子）

対応の引き出し

［夫にどう対応して欲しいかを、あらかじめ伝えておく］

イライラして子どもに手を出したくなる衝動を感じて、その場から離れたのはよかったと思います。ただし、そのときには、「ママはイライラしているから、ちょっとトイレに行くけど、すぐ戻るね」などと、子どもに状況を伝えましょう。黙っていなくなると、子どもは不安になります。

個人差はありますが、男性の場合はイライラしているときに、そっとしておいて欲しいという人が多いよう。女性の場合は、バーッとしゃべったほうがすっきりする傾向もあるようです。

ママ自身のイライラを言葉にしましょう。パパにはあらかじめ、「私がイライラしているときには、どうしたの？って声をかけて」と伝えておくといいですね。イライラしているときに、そっとしておいて欲しいという人もいますし、イライラについて話したほうがすっきりする場合もあります。「どうしたの？」って声をかけてくれても、今はそっとしておいてと言ったら、そっとしておいて欲

しい」などと伝えておきましょう。

子どもを育むためのヒント

〜夫へのイライラ〜

- **夫は別の人間、具体的に伝えよう**

「ママは機嫌が悪い」とパパは雰囲気をキャッチするけれど、理由を伝えないとわからない。「あなたはなぜわかってくれないの？」と責めるのではなく、I（私）メッセージでたとえば、「私は〇〇にイライラしている」と伝える。

- **できないことにイラ立つより、教えよう**

たとえばママが子どもの世話を主体的にしていれば、おむつ替えや、子どもをあやすのもママのほうが上手。それは何度も経験しているから。パパにもポイントを伝えてお世話を経験してもらって、慣れてもらおう。

- **夫婦会議をしよう**

共働きの家庭でも専業主婦の家庭でも、バタバタする朝や夜の役割分担や家事育児のシェアを、どのようにするのかを、夫婦で相談するようにしよう。うまくいかなければ、適宜入れ替えを。

祖父母に
イライラ

祖父母に抱かれると泣いてしまい、いたたまれない

祖父母の家に行き、おじいちゃんおばあちゃんに抱かれると泣いてしまって、なんだか申し訳ない気分になります。私が甘やかしすぎだからでしょうか？（9ヵ月男の子）

対応の引き出し

【人見知りは成長のあかし】

祖父母の抱っこで泣いたり、訪ねてくれた友人の抱っこで泣かれたりすると、

つらくなりますね。でもこれは、安心できる親と他者を分けて考えられるようになった成長の証拠です。甘やかしているからではありません。個人差がありますが、人見知りの時期は生後半年くらいから1歳ごろと言われています。もちろん、眠かったり、疲れていたり、不安定な状態のときには、2歳過ぎの子でもママから離れないこともあります。

ママやパパは安全基地。親に抱っこされていたり、親の膝の上にいたりすれば、祖父母に笑顔を向けることもあるでしょう。安心できる体勢のまま、おじいちゃんやおばあちゃんは、あやしてみたり、手を握ってみたりしてみましょう。**ママの膝の上に座らせて、おじいちゃんやおばあちゃんが絵本を読んであげるのもいいでしょう。**安心できる相手、自分に笑顔を向けてくれる相手だとわかれば、自分から手を差し出したり、親から少し離れて関わりを持とうとしたりするでしょう。このときに大事なのは、子どものタイミングを尊重することです。

【預けるときには、自信を持って】

でももし、祖父母に預ける場合は、別れ際に泣いてしまうこともあるでしょう。

そのときは、「ママはご用があってお出かけするけど、すぐに帰ってくるよ。それまでおじいちゃん・おばあちゃんと楽しく過ごしてね」などと子どもにはちゃんと伝えましょう。

ママが「大丈夫かな？」「泣かないかな？」と不安にしていると、子どもに伝わってしまいます。

「おじいちゃん・おばあちゃんなら大丈夫！」と信じて、きっぱり出かけることが大切です。しばらくは子どももギャン泣きすると思いますが、頼れる相手がおじいちゃん・おばあちゃんだけだとわかれば、抱っこされて落ち着くでしょう。

祖父母にイライラ

2人目について聞かれ、爆発しちゃった

仕事と子育てで毎日精一杯。やっと授かった子なのにどうしてこんなにうまく子育てできないんだろう、いつか虐待してしまったらどうしようと、悩む毎日。それなのに周りの人だけでなく、身内である祖父母からも「2人目を産むなら早いほうがいいよ」「2人目はまだ?」としきりに言われ、ある日爆発して「欲しいなら、自分で作れば!」と言ってしまいました。よくやってるね、ってほめて欲しいだけなのに……。(2歳男の子)

対応の引き出し

［言われたくないことはそれとなく伝えておこう］

つい「欲しいなら、自分で作れば！」と言ってしまったのですね。それは今まで積もったストレスの爆発。祖父母の言葉は気になりますが、**責めているのではなく、希望や思いを言葉にしただけととらえましょう。**多くの場合、他意はないのです。でも、その言葉に傷ついてしまうこともありますよね。

おじいちゃん、おばあちゃんは、ママが仕事と子育てで毎日精一杯ということを知らないか、理解していないのでしょう。まったく理解していないわけではないかもしれないけれど、その大変さを、なかなか実感してもらうのは難しいですね。

おじいちゃん、おばあちゃんには、ママかパパのどちらか伝えやすいほうが、何かの折にそれとなく、「2人目のことは、夫婦の問題なので話題にしないで欲しい」と伝えておきましょう。

おじいちゃん、おばあちゃんの世代は、自分の子どもをほめることが少ない傾向にあります。

今から変えることは難しいですが、**「うちの奥さんは、こんなことをしてくれるんですよ」「うちの旦那さんは、こんなことをしてくれてとても心強いんですよ」など、お互いのいいところを祖父母にアピールしてみるのもおすすめです。**

おじいちゃん、おばあちゃんの言動は変わらなくても、パートナーが自分のいいところを他者に伝えてくれている行為は、とてもうれしいものです。

祖父母にイライラ

子どもの機嫌が悪いとき、放っておくように言われる

息子を3人育てた義両親。尊敬しておりますが、甘えん坊の4歳の娘の機嫌が悪いとき、「構わないほうがいい」「放っておきなさい」と言います。4歳なりに、何かを考え、憤りを感じて不機嫌になるわけで、その心の声を聞かずに放置はできません……。モヤモヤを会話やスキンシップで解消できれば親子の信頼も愛情も深まると思うのですが、義両親の子育て論には時々賛同できずイラッとします。（4歳女の子）

対応の引き出し

【我が家の子育てのスタンスを伝える】

おじいちゃん、おばあちゃんの対応と我が家の対応が違う、という悩みは多くあります。

この場合、同居しているのか、週に何度も会うのか、または年に数回しか会わないのかにもよります。

年に何度かしか会わないなら、「そうですね～」と言葉では受け止めつつ、心の中では受け流しましょう。

同居していたり、週に何度も会ったりする場合には、お互いにストレスになりますから、子育ての主体は親であることをきっぱり伝えておきましょう。

もちろん、おじいちゃん、おばあちゃんの考え方やアドバイスは、一理あったり、参考になったりすることもありますから、頭からすべて否定したり、対立関係になったりするような雰囲気にしないことです。

でも、このケースでは「我が家では、子どもの気持ちに寄り添う子育てをしているので、見守ってください」というような感じで伝えておきましょう。

言われたおじいちゃん、おばあちゃんは、いい気持ちはしないかもしれませんが、**立場やスタンスを明確に伝えておく**ことで、子育ての主体が親であるということを、少しずつ理解してくれるようになるのではないでしょうか。

【日ごろの子どもとの関わり方を、アピール】

日ごろのコミュニケーションはとても大切です。

「この間、子どもがイヤだ！　って言うから、なぜイヤなのって聞いたら、こんな答えが返ってきたんですよ」などと、子どもとの関わり方や、子どもの気持ちなどを伝えるようにしてみましょう。

そして、**子どもが遊んでいる様子を写した日常の写真なども共有するといいですね。**

我が家の子育ての雰囲気を伝えて、理解してもらうようにしましょう。

祖父母にイライラ

祖父母の空気を読んで、自分がキレてしまう

話したことを、息子が理解してくれないと「子どもだから、いいや」と放置する私。しかし、祖父母はそうはいかず放っておけないタイプ。子育て経験から、どうしても比較してしまうよう。祖父母・私と息子、4人一緒にいるときは、祖父母がキレそうになる空気を読んで、私がブチ切れてしまい、そこへ祖父母が止めに入る。このパターンを何度かくり返しています。（3歳男の子）

対応の引き出し

【難しいけれど、自分軸で】

感受性がこまやかな人は、祖父母に限らず、周囲の様子を繊細にキャッチします。たとえば、「電車の中で、赤ちゃんがぐずったときににらまれた」というのは、

かなりの数のママが体験していることなのではないでしょうか。
これは多くの場合、「赤ちゃんが泣く↓つい振り向く↓振り向いた顔が真顔↓にらまれたと思う」という構図だと私は思っています。泣き声に反応してつい、振り向くけれど、それは確認しただけであって、赤ちゃんが泣いていることを責める意図はありません。

子どもをぐずらせないようにと過剰に反応して、子どもを叱りつけ、さらに子どもがぐずるというループに入ってしまう人がいます。

困った状況にならないように、先回りして対処しようとして、それがかえって裏目に出てしまう（自分のほうが先にキレてしまう）という感じでしょう。このようなタイプの人は最近言われるようになった「ＨＳＰ」（アメリカの心理学者であるエレイン・Ｎ・アーロン氏が提唱した概念で、Highly Sensitive Person（ハイリーセンシティブパーソン）の略）かもしれません。「人一倍敏感な人」という意味です。

そういう人は、おじいちゃん、おばあちゃんのイライラを先にキャッチしてしまうのです。それを感じないようにすることは難しいですが、**自分はそんな傾向**

があると知っておくだけでも気が楽になるかもしれません。考え方としては、「相手の感情に巻き込まれない」「相手の感情を請け負わない」ということ。

なかなか難しいのですが、相手は、もしかしたらそもそもその日は機嫌が悪かったり、直前に何かイヤなことがあったりして、怒りの沸点が低くなっているのかもしれません。

祖父母の反応が気になって、「ママはいつもは怒らないようなことなのに、今日だけ怒る」というのは、子どもも混乱します。

おじいちゃん、おばあちゃんの感情は、祖父母の感情。子どもへの対応はいつも通りということで、整理して考えるように、心がけてみてはいかがでしょう。

子どもを育むためのヒント

～祖父母への対応～

・**尊敬と尊重を忘れずに**

長年生きてきて、子育てをしてきた自負もあるので、尊敬や尊重は忘れないようにする。

・**子どもへの接し方や子育ての様子を伝える**

遠方でたまに連れていく場合には、祖父母も自己流の接し方をしてしまいがち。親自身が子育てで大事にしていることや接し方など、日常会話の中でそれとなく伝えていこう。

・**NGはきっぱり伝える**

どうしてもして欲しくないことがあれば、「ここだけは」と伝えておこう。**特にアレルギーがあれば、おやつを勝手にあげたりしないように伝えるなど。**

第三者の反応を気にしない

一緒に居合わせた人（祖父母や、一般の人）がイヤな気分になると思うから、子どもをどなりつけてしまうということも、少なくありません。周囲への過剰反応です。

もちろん、その場の状況によって対応を変えることは必要です。勉強会などで、赤ちゃんが泣くことによって講師の声が聞こえにくくなりそうなら、会場の外にちょっと出るなどの行動はその場の判断でするといいですね。

よくあるのが、夫や祖父母が（このまま子どもが行動を続けると）怒り出しそうなので、先に自分が怒ってしまうというようなケースです。

いつも親子で過ごしているときには怒らないのに、周囲の目を気にして怒ってしまうということもありますよね。**そのときの自分は、相手と対等の関係になっ**

ていません。相手に合わせるように、こうあるべきという姿を見せようと頑張ってしまっている状態です。

このような場合、無意識に相手を怖れ、相手の機嫌を損ねたくないという、上下関係になっていることがあります。要は、親自身が素のままの自分でいることができていないということ。よく見せたい、相手に合わせるように行動したい、と考え、そのために子どもの言動を調整しようとしてしまいます。

このような場合は、周囲との関係性に無理が生じています。夫や祖父母など身内の場合には子育ての方法や大事にしていることを共有し、理解してもらえるよう、素のままの親子関係でいられるようにしましょう。

もちろん、家の中と外、公的な場所での対応などを変えることは、社会的な行動ですから、悪いことではありません。ただ、近しい間柄であれば、共通の認識を持ち、一緒に過ごすことがストレスにならないよう、コミュニケーションを取るといいでしょう。

私を整えよう Vol.2

ここではママとパパ自身のケアの仕方をご紹介します

●親自身の心をケアしておく

喜怒哀楽があって、感情豊かに過ごすのはもちろん素敵なことです。

でも怒りを爆発させることはまた違いますよね。怒りを爆発させ子どもにぶつけないこと。怒りを爆発させることは、自分自身もとても疲れますし、心も休まりません。また、子どもはおびえますし、パートナーや周囲の人も、あなたと対等なコミュニケーションを取ることが難しくなります。

「自分が機嫌よく過ごす」ことは、とても大事なことです。

親自身がイライラしていたり、いっぱいいっぱいだと、子どもに向き合うことが難しくなります。イライラを軽減するように、手当てしてみましょう。

P78、79の column で伝えたストレスの種類を知っておくことも大事です。そして、自分がどういうときに、ストレスをためやすいのか、そもそも今は何がストレスになっているのかを、客観的にとらえてみることがとても重要です。

\紙に書き出してみよう！/

私のストレス（イライラ）の原因は？

●イライラが増えないように手当てをする

イライラさせる困りごとを解決するには、どうしたらいいでしょうか。イライラの原因を書き出してみて、分類し、対処の方法を考えてみましょう。

もちろん、現状では対処が難しいこともありますが、たとえば「自分が休む時間を作る」ために時間の使い方を見直す、パートナーの手を借りるなど、できる手当てにはどんなものがあるのか、どうしたらいいのかを考えてみましょう。

自分の体調や、疲れなど体のこと

体調不良→なるべく規則正しく生活をする。起床や就寝時間をある程度一定にする。

睡眠不足→睡眠時間を確保する。そのためにパートナーや祖父母の力を借りる。

時間配分

一番忙しいのは、朝の時間と夕方から子どもが寝るまでの時間。この使い方を客観的に書き出してみる。朝と夜で入れ替えられるものがないかなど、確認し流れを変えてみる。

パートナーとのシェア

パートナーとシェアできるものはないか相談してみる。子どもの着替えのサポートや検温、連絡帳の記入など、ちょっとしたことでも、分担するとスムーズにいくことも多い。

資源を使う

時間が足りなければ、いろいろな資源を使う。家電の使用でも数分、数十分の時間の余裕が生まれる。送り迎えがギリギリでいつもあせっているなら、行政の子育てサービス、ファミリーサポートなどを利用すれば、余裕を持って子どもと向き合えるようになるかも。

イライラ時間はゆったりと

自分がイライラしやすい時間帯には、やることをたくさん入れないように工夫してみる。

すべてが私に……

ひとりで悩まず、周りの人に頼ろう！

第7章

「子どもの困った」を子どもと一緒に解決する

肯定形で具体的にI（アイ）メッセージで！

子どもに伝えているつもりでも、ちゃんと伝わっていないことも多いものです。以下のようなことに気をつけてみましょう。

・肯定的に伝える

たとえばよく言ってしまうのが「走らない！」といった否定形の言葉。すごく簡単に考えると、「走っちゃいけないならどうしたらいいの？」ということです。つまり「歩きましょう」と伝えたほうがわかりやすいですね。発達障がい児への声がけでも基本とされているのが肯定形での伝え方です。

「いい加減にしなさい！」→「○○するのをやめなさい」

「走らない！」→「歩きましょう」

「うるさい！」→「お口を閉じてね」
「なんで片づけないの！」→「さあ、片付けよう」

・具体的に伝える

たくさんのおもちゃが散らかっている場合、「片づけなさい」と言われても「何をどうしたらいいのか？」と困ることもあります。これは大人でもそうですよね。たくさんやらなければいけないことがあるのに「さっさと、全部終わらせて！」と言われると、「さて、何から手をつければいいのか？」と混乱したり、思考がフリーズしたりすることもあります。

そんなときには、具体的に伝えることが大事です。

「さあ、○○君は積み木を箱に片づけてくれる？　ママはぬいぐるみを片づけるね」という具合です。「片づける」範囲が広い場合は、範囲を少し狭めて「△△を片づけよう」とある程度限定する。「まず□□を片づけよう」と言うと、最初に何をしたらいいのかという優先順位がわかる声がけになります。

I（アイ）メッセージで伝える

否定的な声がけもそうですが、感情をぶつける声がけ、「なんでわからないの！」「何度言ったらわかるの！」「あなたはいつだってそうなんだから！」などは、**言葉の暴力でもあります**。

たいていの場合、突然どなるなど大声で、子どもは乱暴な言葉を浴びせかけられていることになります。言葉を投げつけている親自身もいい気持ちではありませんが、子どももいい気分ではありません。自己肯定感も育まれません。

次の行動を起こすにあたって、具体的で動きやすい声がけを考えてみましょう。それには、自分自身の思いを伝えることも大切です。

子どもは「もっと遊びたい」、でも親である私は「片づけて欲しい」となると、そこでズレや摩擦が起こります。それを解消するのが、**「私はこんなふうに困っている。こうしてくれると助かる」というI（私）メッセージです。**

もちろん、伝えられても相手の気持ちをそのまま受け止め、すぐに納得できるとは限りませんが、気持ちを伝えられれば「なぜそのようにして欲しいのか」という理由を相手が理解できます。

「ご飯を温かいうちに食べたいから、おもちゃを片づけてね」という感じです。

ぜひ、意識して伝えてみましょう。

課題のハードルを低くして、クリアしやすくする

前出の「具体的に伝える」ところで書きましたが、**やって欲しいことの範囲を少し狭めたり、クリアしやすいことから伝えてみたりする（相談して決める）というのが、解決のポイントになります**。

たとえば、小学校低学年の場合、「宿題をしなさい」と言われても、たくさん宿題があって、何からやったらいいのかわからないこともあるかもしれません。

親「今日の宿題は何？」
子「漢字練習と、算数プリントだよ」
親「どっちからやる？」
子「どっちも面倒くさいな～」
親「どっちが簡単に終わりそう？」

子「漢字練習かな？」
親「じゃあ、そっちからやってみたら？」

というような具合いです。

子どもの性格などにもよりますが、大変なものから取り掛かると、時間も労力もかかって、なかなか終わらずに、次の課題に取り掛かりにくくなることがあります。

たくさんやらなければいけないと思うと、気が重くなり、やる気が起こりませんが、ハードルを少し低くして、「まずは○○からやってみる？」と促すと、動きやすくなることも多いものです。

親子でこんなやりとりをしているうちに、**子どもが自分で優先順位をつけて、取り組めるようになるでしょう**。

子どもに語らせる「オープンクエスチョン」

子どもに気持ちを話してもらう、伝えてもらうことは、時として難しいこともあります。

ポジティブなことは、大人でも聞いて欲しいものです。「見て！　見て！」「ねえ、聞いて！」と言われたときに対応することが大切です。もちろん、家事をしているなど、すぐに対応できないときには「お皿を洗ったら、見せてね」など、時間の目安を伝えましょう。もちろん、約束したら、必ず話を聞くことが大切です。

話を聞くときのポイントは、なるべく子どもに語らせること。

親子の会話のときに、これをあまり意識しすぎると会話を楽しめません。でも、時にはちょっと心がけてみるのもおすすめです。クローズドクエスチョンと、オープンクエスチョンを使ってみましょう。

クローズドクエスチョンは、YESまたはNOで答えられる問いかけ方、オー

プンクエスチョンは、相手に語らせる問いかけ方です。

たとえば子どもが絵を見せにきたとき。

クローズドクエスチョン「犬を描いたんだね」→「うん」

オープンクエスチョン「何を描いたのかな？」→「犬を描いたんだよ。犬がお散歩しているところ」

というような感じです。もちろん、オープンクエスチョンの場合でも、「犬を描いたんだよ」で終わってしまうこともあります。その場合は、「犬は何しているの？　楽しそうだね～」などと問いかけると、「お散歩しているんだよ」などと話してくれるでしょう。

あるママが、子どもが保育園から帰って来たときに「今日はどうだった？」と聞いたら、「そんなにたくさんのこと話せないよ！」と言われたそう。子どもにとっては、「保育園の1日のこと全部を

話すのは大変」と思ったのかもしれませんね。一番楽しかったり、印象に残ったりしたことを話してくれる場合もありますが、**問いかけが漠然としすぎていると子どもが困ることもあります**。「今日は何をして遊んだの？」などと聞いてみてもいいですね。

子どもの園や学校での様子を知ったうえで、問いかけるのも「あなたに興味を持っている」ということを自然に伝えることにもつながります。「今日は何の工作を作ったの？」「今日の給食、カレーだったっけ？」という感じです。工作を作る日だと知っている、給食の献立をチェックしているということが、親の問いかけから伝わります。

子どもの気持ちが沈んでいたり、**元気がなかったりするときには、自分からいろいろ話してくれないこともあります。そんなときにはクローズドクエスチョンを使ってみましょう。**「幼稚園で何かイヤなことがあった？」→「うん」→「お話ししたくなったら、教えてね」というような感じです。

待つ時間、できるまでの時間、切り替えるための時間

子どもとのコミュニケーションで心がけたいのが、待つ時間。

「どうする？」と問いかけたけれど、返事を待ちきれず「じゃあ、こうしたら？」と、親が答えを誘導してしまっていることも少なくありません。

もちろん、時と場合によって待てないこともありますが、子どもの答えをできるだけ待ってみましょう。

そして、取り組んでいるけれど時間がかかっているときに、「間に合わないから置いていくよ！」などと言わないこと。

親は本当に置いていく気はなく「早く支度をしてもらうために」と言葉をかけますが、子どもにとっては置いていかれたら大変なことですし、不安になります。

脅すような言葉がけはやめましょう。

また、**気持ちの切り替えに時間がかかる子もいます**。

「かんしゃくを起こしたときに、そのまま放っておいていいのでしょうか?」、「あまりひどいかんしゃくなので、子育ての本を参考に、薄暗い部屋にしばらく居させてみたら、怖がってとても大変だった」という相談を受けたことがあります。

子育て法によっては「タイムアウト」という手法を用いて、言うことを聞かないときや、かんしゃくを起こすなど落ち着かないときに、別の部屋で過ごさせるという方法を提唱しているものがあります。

子どもによっては(大人でも)、自ら静かな場所に移動して心を落ち着かせるということもあります。**でも、親が強制的にやらせることは、やめましょう。子どもが罰を受けたと感じることもあります。特に密室に閉じ込めるようなことは絶対にやめましょう。**

かんしゃくを起こしたときには、家の中などその場で発散しても大丈夫な場所なら、そのまま見守りましょう。公の場などで人目が気になる場合は、可能なら別の場所に移動しましょう。

気持ちの切り替えに時間がかかっているので、声をずっとかけ続けるよりも、見守っているけれど見捨ててはいないというスタンスで、近くにいるのがいいでしょう。子どもが無視されているという印象を持たないように、「気持ちが収まったら教えてね」などと言って、近くで家事などしながら、様子を見守りましょう。そして落ち着いてから、理由をゆっくりと聞きましょう。

感情の切り替え方には個人差が大きくあります。**ただ、小さいころにかんしゃく持ちでも、次第にかんしゃくの回数が減っていくと思います。**かんしゃくを起こしそうになったけれど、こらえた様子が見られたり、気持ちを話してくれたりしたら「よく気持ちを教えてくれたね」と子どもに伝えましょう。

子どももだんだんと、気持ちを言葉で伝えられるようになるでしょう。

共感とそのあとの行動を分けて考える

「共感」とそのあとの「行動」を分けて考えることが、とても大切です。
多くの場合に、そこが一緒になってしまっています。

「共感」は、「あなたがそういう気持ちを持っていることはわかった」と受け止め尊重すること。同感でなくてもいいのです。子どもであっても別の人間ですから、子どもが思ったことをそのまま「その通り」と思えないことがあっても当然です。

そして、その次の行動をどうしたらいいのかを一緒に考えればいいのです。
親のほうは「今、おもちゃを片づけて欲しい」と思っていても、子どもが「イヤだ！」と言う場合。「今、片づけるのは、イヤなんだね」と共感して、「じゃあ、どうしたらいい？」と相談するということです。

「これが完成するまで待って」とか、「ブロックを作っている途中だから、このまま置いておいて欲しい」など、子どもの気持ちや状況を聞いて、折り合いをつけて解決策を決めていくということです。

子どもが「片づけたくない！」と言っていることに共感したから、「じゃあ片づけなくてＯＫ」ということにしなくてもいいのです。

親子でコミュニケーションを取りながら「折り合いをつける」ということが、とても大事です。このやりとりを丁寧にしていると、子どももコミュニケーションの方法を学び、友だち同士で意見が食い違ったときにも、両方の意見を出しあって、「じゃあどうしようか」と着地点を考えるコミュニケーションを取れるようになっていきます。

もちろん、親子でも友だちとの間でも、毎回、お互いが納得する結果にならないかもしれませんが、お互いの気持ちを尊重するためにも、このプロセスを踏むように心がけましょう。

空がきれい！

子どもとの時間を楽しみましょう！　子どもは絶対的なあなたの味方。そして、あなたも絶対的なその子の味方！

おわりに

スイス在住のママからこんな話を聞きました。子どもの誕生日会などで、主催者のママやパパがゲームを考えてくれることがよくあるそうです。そのママが「〇〇のゲームやる人？」と子どもたちに声をかけると、「僕やらない」「私はそれ好きじゃない」などと、３人の子が参加しなかったとのこと。

こんなとき、あなたならどうしますか？

スイスのママの話によると、こんなとき主催者ママは「ＯＫ！」と言うのみだったそうです。

そんな報告をしてくれたママも、以前は同じような事があったとき、「いやだよ、ママは一緒にやらないんでしょ？」と泣きながら言う我が子に、「泣かないの。みんな心配するから、楽しいよきっと！」と言って、やらせたことを振り返っていました。

そのときの気持ちをこのママは「この場合、誰の気持ちを大切にしたかというと〝私の気持ち〟だと思います。〝ホストのパパとママに悪い〟〝みんなに迷惑をかけてしまう〟と私が守った私の気持ちです」と話してくれました。

私も、子どもが小さいとき、同じような場面に出くわした際には、みんなと一緒にやるように促していました。日本では、「一緒に」することが重んじられる場面がとても多くあります。もちろん、みんなでやったほうが楽しかったり、結束感が高まったりすることもあるでしょう。

でも、**場面や状況にもよりますが、選択していい場合には「イヤだ」「やらない」と、やりたくない気持ちを尊重されることもとても大事です**。「やりたくない」と言って、参加しなかった子が、みんなの楽しい様子を見て、次のゲームでは参加したくなることもあるかもしれません。

「断ると悪い」「うちの子だけ参加しないと、みんなに迷惑がかかる」というのは親の思い。子どもが参加しないほうを選んだとしても、もしかしたらゲームに参加しなかった帰り道で「やっぱり楽しそうだったから、一緒にやればよかった」

という気持ちを子どもが打ち明けてくれるかもしれません。

「自分の気持ちを尊重されたこと」「でも、みんな楽しそうだったこと」「だから、ちょっと参加しなくて寂しいような気がしたこと」……。**子どもの気持ちを確認した、子どもが受け入れられていると感じることが、とても大切です。**子どもの気持ちの引き出しが増えている瞬間ですね。


忙しい毎日の中で、子どもの気持ちを大事にすることは、難しいこともあるかもしれません。

時間が限られていているために、子どもと遊んだり会話する時間がなかったり。自分のことでいっぱいいっぱいで子どもの気持ちまで気が回らなかったり……。もちろん、すべて受け止めるのは無理ですが、子どもの気持ちを大事にすることを「心がける」だけでも、きっと子どもとの向き合い方が変わってくると思います。子どもの気持ちや感性に触れることで、親自身もいろいろな想いを体験することができるでしょう。「そんな考え方があるんだ」「そんなふうに感じたんだね」と、親自身の感性も豊かになるはず。

そんなふうに親子の関わりを楽しんでくださる方が増えたら、とてもうれしいです。

最後になりましたが、前回の『イラストでよくわかる 感情的にならない子育て』に引き続き素敵なイラストやマンガを描いてくださった上大岡トメさん、本の企画をお伝えして実現に向けて今回も奮闘してくださった編集の谷内志保さん、一緒に活動しいろいろな考えや知見を伝えてくれるＮＰＯや団体などのメンバーのみなさま、本当にありがとうございました。

いつも応援してくれる仲間や、家族にも感謝しています。昨年他界した実母は、いろいろな選択をする私をいつも応援してくれていました。そんな想いも、今の活動の原動力となっています。

２０１９年６月に児童虐待防止法等において「親権者等の体罰禁止」の明記が国会で満場一致のもと可決され、２０２０年４月から施行される予定です。また、東京都はこれより早く２０１９年４月に「東京都子供への虐待の防止に関する条例」を施行し、その中で保護者からの体罰を禁止。２０１９年9月には「体罰などによらない子育てハンドブック」を作成し、私もその作成に協力しています。
「感情的にならない子育て」が当たり前になり、親子の笑顔が増える社会になればと思っています。この本がその一助になれば幸いです。

２０１９年10月吉日

子育てアドバイザー高祖常子

【作成協力】「体罰などによらない子育てハンドブック」
東京都福祉保健局「東京OSEKKAI化計画」より入手可能
http://www.fukushihoken.metro.tokyo.jp/osekkai/taibatsuhabatsu/

子ゴコロ・親ゴコロ相談@東京　(東京都)
LINEによる相談
対象:都内在住の児童(18歳未満)・保護者
http://www.fukushihoken.metro.tokyo.jp/kodomo/katei/linesoudan.html

児童家庭支援センター
(全国児童家庭支援センター協議会)
http://www4.ttn.ne.jp/~e-jikasen/entrance.html

療育相談センター(子どもの心身の健全な発達や、障害のある方の障害の軽減と自立を支援するための施設)
全国療育相談センター
TEL03-5927-1282(月～金　9:00～17:00)
http://www.shougaiji-zaidan.or.jp/publics/index/47/

お近くの保育園や幼稚園

子ども虐待・子どもに関する相談先

児童相談所全国共通ダイヤル「189」

「虐待かな?」と思ったら、児童相談所や市区町村へ通報を。24時間つながり、通報した個人の秘密は守られます。虐待でなかった場合でも、困っている親へのサポートの開始につながります。子育てに悩んだときも、利用できる番号です。

https://www.mhlw.go.jp/bunya/koyoukintou/gyakutai/index.html

column

●子どもとの関係やパートナーとの関係で困ったら相談しよう！

地域にはたくさんの相談先があります。ただ、たくさんありすぎて、どこに相談したらいいのかが、わかりにくいことも。わからない場合は、お住いの自治体に電話しましょう。内容を伝えれば、担当につないでくれるはずです。

子育てに関する主な相談先

日本小児科医会　子どものこころ相談医
https://www.jpeda.or.jp/cgi/web/index.cgi?c=member-counseling_list

日本助産師会　電話相談（子育て・思春期・更年期）
TEL03-3866-3072（火曜日10時～16時）
http://midwife.or.jp/general/consultation.html

NPO法人子育てひろば全国協議会
各地の子育てひろば
http://kosodatehiroba.com/07kakuchinohiroba.html

子供家庭支援センター（東京都）
http://www.fukushihoken.metro.tokyo.jp/kodomo/kosodate/ouen_navi/center.html

【著者紹介】

高祖　常子（こうそ・ときこ）

◉——子育てアドバイザー。育児情報誌「miku」元編集長。３児の母。
認定NPO法人児童虐待防止全国ネットワーク理事、NPO法人ファザーリング・ジャパン理事など多数。所属学会は、日本子ども虐待防止学会、日本子ども家庭福祉学会など。幼稚園教諭、保育士、心理学検定１級などの資格を持つ。

◉——東京都出身。短期大学卒業後、株式会社リクルートで約10年、学校・企業情報誌の編集にたずさわり、妊娠・出産を機にフリーに。第１子を生後３カ月の時に先天性の心臓疾患で亡くし、その後男２人、女１人の子宝に恵まれる。子育て中に必要で安心できる育児の情報に触れることが困難であったため、夫と共に育児のWEBサイト「こそだて」を2000年に立ち上げる。その後、2005年から2019年まで育児情報誌「miku」の編集長を務める。「miku」（既刊）は全国の産院・小児科、保育園・幼稚園・子育て支援施設などで配付され発行部数は13万部に上った。現在は誌名を変えて育児情報誌「ninaruマガジン」となりエグゼクティブアドバイザーに就任。

◉——現在は厚生労働省の「体罰によらない子育ての推進に関する検討会」の構成員などのほか、多数の子どもの人権を守るための委員を歴任。複数のテレビ番組で育児についてのコメンテーターなどを務める。また、育児誌を中心に編集・執筆を続けながら、複数の地方新聞にて「育児コラム」の連載、オールアバウト「子育て」ガイドとして記事を執筆。

◉——2017年、子ども虐待防止と家族の笑顔を増やすための講演活動を元にした『イラストでよくわかる　感情的にならない子育て』（小社刊）を出版。多数の新聞雑誌などで紹介される。以来、「感情的にならない子育て」を全国に広げるべく精力的に応援活動を行っている。その他編著に『パパ１年生』（小社刊）などがある。

高祖常子オフィシャルサイト　https://www.tokiko-koso.com/

【イラスト】

上大岡　トメ（かみおおおか・とめ）

◉——イラストレーター。東京都出身。著書『キッパリ！ たった５分間で自分を変える方法』（幻冬舎文庫）は120万部を超えるベストセラーに。近著に『縁切り神社でスッキリ! しあわせ結び』（WAVE出版）など、その他著書多数。仕事と育児に葛藤することも多かったが、その子どもたちも社会人に。ほっこりしたタッチのなかにも尖ったものもあり、老若男女問わずに人気がある。

こんなときどうしたらいいの？
感情的《かんじょうてき》にならない子育《こそだ》て　〈検印廃止〉

2019年11月5日　第1刷発行

著　者——高祖　常子
発行者——齊藤　龍男
発行所——株式会社かんき出版
東京都千代田区麹町4-1-4 西脇ビル　〒102-0083
電話　営業部：03(3262)8011㈹　編集部：03(3262)8012㈹
FAX　03(3234)4421　振替　00100-2-62304
http://www.kanki-pub.co.jp/

印刷所——ベクトル印刷株式会社

 ISBN978-4-7612-7452-8 C0077

＼ママの困ったを解決！／

かんき出版の好評！ 育児書

赤ちゃんにも
ママにも優しい
安眠ガイド
1300円＋税

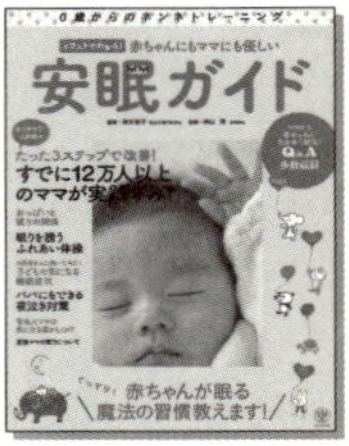

イラストでわかる
赤ちゃんにも
ママにも優しい
安眠ガイド〈大判サイズ〉
1000円＋税

マンガでよくわかる
赤ちゃんにも
ママにも優しい
安眠ガイド
0歳からのネンネトレーニング
1100円＋税

マンガで
よくわかる
アドラー流子育て
1300円＋税

イラストで
よくわかる
感情的にならない
子育て
1300円＋税

モンテッソーリ教育
×ハーバード式
子どもの才能の
伸ばし方
1400円＋税

子どもの
気持ちが
わかる本
1400円＋税